Schulische Kinderrechtsbildung in Deutschland

Europäische Hochschulschriften

European University Studies

Publications Universitaires Européennes

Reihe XI **Pädagogik**

Series XI Education

Série XI Pédagogie

Band/Volume **1031**

Torsten Krause

Schulische Kinderrechtsbildung in Deutschland

Eine Untersuchung zur Umsetzung des Art. 42 KRK im deutschen Schulwesen

PL ACADEMIC RESEARCH

Bibliografische Information der Deutschen Nationalbibliothek
Die Deutsche Nationalbibliothek verzeichnet diese Publikation in der Deutschen Nationalbibliografie; detaillierte bibliografische Daten sind im Internet über http://dnb.d-nb.de abrufbar.

Die vorliegende Arbeit wurde von Prof. Dr. Claudia Lohrenscheit zur Veröffentlichung empfohlen.

ISSN 0531-7398
ISBN 978-3-631-631-64366-2 (Print)
E-ISBN 978-3-653-03447-9 (E-Book)
DOI 10.3726/978-3-653-03447-9

PL Academic Research ist ein Imprint der Peter Lang GmbH.
Peter Lang – Frankfurt am Main · Bern · Bruxelles · New York · Oxford · Warszawa · Wien

www.peterlang.de

Vorwort

Ziel dieser Untersuchung ist es zu prüfen, ob die Kinderrechtsbildung in der Bundesrepublik Deutschland gelingt und damit den Bestimmungen des Artikels 42 der Konvention über die Rechte des Kindes (KRK) nachgekommen wird. Sich dem Thema annähernd, werden dafür zunächst die Bedeutung des Artikels 42 KRK dar- und Methoden der Menschenrechtsbildung vorgestellt.

Im Weiteren werden die Rahmenlehrpläne der deutschen Bundesländer hinsichtlich einer Verankerung des Themenkomplexes Kinderrechte untersucht, Angebote zur Fort- und Weiterbildung recherchiert sowie sechs Interviews mit Kinderrechtsexperten aus unterschiedlichen Kontexten geführt. Aus den Ergebnissen resultierend, kann festgestellt werden, dass die Hälfte der deutschen Bundesländer die Behandlung von Kinderrechten in den vergangenen Jahren in unterschiedlichem Umfang in ihre Rahmenlehrpläne aufgenommen und damit zum Unterrichtsgegenstand erklärt hat. Gleichzeitig muss jedoch konstatiert werden, dass die Lehrkräfte für die Vermittlung der Rechte der Kinder nicht qualifiziert sind und auch keine ausreichende Anzahl an Fort- und Weiterbildungsmaßnahmen zur Verfügung steht. Von großer Bedeutung ist dies jedoch, da gelingende Beispiele der Kinderrechtsbildung belegen, dass diese den Kindern nicht nur Freude bereiten und sie mit großem Interesse an entsprechenden Themen arbeiten, sondern, dass sie auch positiv zur Persönlichkeitsentwicklung, Stärkung der Selbstachtung und darüber hinaus zu einem besseren Schulklima beitragen.

Abschließend wird daher festgehalten, dass die Bundesrepublik Deutschland den Bestimmungen zur Bekanntmachung der Kinderrechtskonvention noch nicht in ausreichendem Maß und mit der Auslastung der ihr zur Verfügung stehenden Möglichkeiten nachkommt.

Die vorliegende Arbeit wurde im Jahr 2012 als Abschlussarbeit an der Freien Universität Berlin im Fachbereich Erziehungswissenschaften und Psychologie für den European Master in Children´s Rights and Childhood Studies unter dem Titel „Kinderrechte – Mit Qualität vermittelt?“ eingereicht. Die Lehrenden Frau Prof. Dr. Claudia Lohrenscheit sowie Herr Prof. Dr. Karl-Peter Fritzsche haben diese Arbeit mit „Sehr gut“ bewertet und zur Veröffentlichung empfohlen. Ihnen ebenso wie meiner Frau Anja Krause und Herrn Axel Krumrey möchte ich meinen besonderen Dank für die Begleitung, Hinweise und Ratschläge aussprechen.

Inhaltsverzeichnis

1 Einleitung

Im Artikel 42 der Konvention über die Rechte des Kindes der Vereinten Nationen wird den Vertragsstaaten die Aufgabe zur Bekanntmachung der Grundsätze und Bestimmungen des Menschenrechtsvertrages verpflichtend übertragen. Wie aber kann dies geschehen? Was unternimmt die Bundesrepublik Deutschland, um Kinder über die Kinderrechtskonvention zu informieren und wie bringt sie ihnen ihre Rechte näher? Welche Maßnahmen sind in diesem Zusammenhang geeignet und wirksam? Was sollten Kinder über ihre Konvention wissen, um sagen zu können, sie sei ihnen allgemein bekannt?

Die Lebenswelten von Kindern in der Bundesrepublik Deutschland und deren Freizeitverhalten sind individuell, vielfältig und unterschiedlich. Ihnen allen gemein ist jedoch der Schulbesuch. In Deutschland gilt die Schulpflicht. Insofern liegt es nahe, dass eine der wenigen Möglichkeiten, alle Kinder in Deutschland zu erreichen über die Schulen führt. Beschäftigen sich Schülerinnen und Schüler in Deutschland aber mit den Rechten der Kinder? Ist es von Seiten der deutschen Bundesländer vorgesehen, dass jungen Menschen die Kinderrechtskonvention und ihre Inhalte im Rahmen der Schule vorgestellt und nahe gebracht werden?

Neben dem Vorteil, auf diesem Weg alle Kinder zu erreichen ist es positiv zu bewerten, dass Pädagoginnen und Pädagogen die Aufgabe übernehmen könnten, Kinder über ihre Rechte zu informieren. Aber geschieht dies auch? Sind Lehrerinnen und Lehrer für diesen Bereich qualifiziert, fort- und weitergebildet? Stellen die deutschen Bundesländer entsprechende Angebote zur Qualifizierung von Lehrkräften zur Verfügung und wie werden diese von den Lehrkräften angenommen?

Der Autor geht in dieser Untersuchung davon aus, dass in nur wenigen deutschen Bundesländern Kinderrechte als Thema in den Rahmenlehrplänen verankert und somit den Lehrkräften als Unterrichtsgegenstand verpflichtend vorgegeben sind. Darüber hinaus wird erwartet, dass die Lehrkräfte für die Aufgabe der Kinderrechtsbildung nicht qualifiziert sind und nur wenige Angebote zur Fort- und Weiterbildung zur Verfügung stehen. Dies zugrunde legend prognostiziert der Autor, dass die Bundesrepublik Deutschland den Bestimmungen des Artikels 42 der Konvention über die Rechte des Kindes nicht nachkommt.

In dieser Untersuchung wird gezeigt, wie Kinderrechtsbildung mit jungen Menschen gelingen kann und welche Faktoren dafür entscheidend sind. In diesem Zusammenhang werden die Aufgabenfelder der Menschenrechtsbildung „Lernen über, durch und für die Menschenrechte“ vorgestellt. Des Weiteren wird dargestellt, inwieweit Kinderrechte in den Rahmenlehrplänen der deutschen Bundesländer verankert sind.

In einer Erhebung zu Fort- und Weiterbildungsangeboten der Bundesländer wird nachvollzogen, ob Lehrkräften Angebote zur Qualifizierung auf dem Gebiet der Kinderrechte angeboten werden und welcher Art diese sind. Dies geschieht vor dem Hintergrund, da die Verankerung von Kinderrechten in den Lehrplänen ohne begleitende Weiterbildung für gelingende Maßnahmen im Sinn des Artikels 42 KRK unzureichend erscheint. In dieser bundesweiten Recherche werden 81 Anbieter auf entsprechende Angebote geprüft und nachgefragt. Dazu erfolgen eine Online-Ermittlung von Maßnahmen zum Thema Kinderrechte anhand der Katalogsuche sowie eine schriftliche Abfrage bei den Einrichtungen.

Zudem werden die Positionen von Fachleuten auf den Gebieten der Fort- und Weiterbildung von Lehrkräften, der Vermittlung von Kinderrechten in Schule sowie von Interessenvertreterinnen und Interessenvertretern für die Umsetzung der Kinderrechtskonvention in die vorliegende Untersuchung aufgenommen. Dafür werden sechs Interviews anhand eines teilstandardisierten Leitfadens mit sieben Expertinnen und Experten geführt.

Für die Beantwortung der Forschungsfrage dieser Untersuchung wurde außer Acht gelassen, dass Artikel 42 der Kinderrechtskonvention neben der Bekanntmachung des Übereinkommens gegenüber Kindern, dies auch für Erwachsene vorschreibt. Demzufolge trifft diese Untersuchung keine Aussagen, ob und inwieweit die Bekanntgabe der Konvention über die Rechte des Kindes gegenüber erwachsenen Menschen gelingt.

2 Zur Bedeutung des Artikels 42 KRK

Mit der Ratifizierung der Konvention über die Rechte des Kindes haben sich die Vertragsstaaten verpflichtet, diese gemäß Artikel 42 „durch geeignete und wirksame Maßnahmen bei Erwachsenen und auch bei Kindern allgemein bekannt zu machen.“ Dem folgend beschlossen die Jugendminister der deutschen Bundesländer auf ihrer Beratung am 25. und 26. Juni 1998 in Kassel, dass sie es als ihre besondere Aufgabe betrachten, der Kinderrechtskonvention zu Bekanntheit zu verhelfen sowie auf deren Beachtung in allen Feldern der Politik hinzuwirken.[1] Dies weiter präzisierend, schlagen die Mitglieder des Ausschusses für die Rechte des Kindes vor, dass in jedem Vertragsstaat eine Strategie für die Verbreitung der Informationen über die Rechte des Kindes erarbeitet wird sowie über staatliche und nicht-staatliche Einrichtungen und Organisationen, die sich für die Umsetzung und Verwirklichung der Kinderrechtskonvention engagieren, aufgeklärt werden soll. Der Ausschuss für die Rechte des Kindes geht davon aus, dass jeder Mensch seine Rechte kennen muss. Deswegen regt er darüber hinaus an, die Konvention über die Rechte des Kindes zum Gegenstand in Berufsausbildungen sowie Fort- und Weiterbildungen von allen Gruppen, die professionell mit Kindern und jungen Menschen arbeiten, zu erklären.[2]

In den Staatenberichten informiert die Bundesrepublik Deutschland aus ihrer Sicht bezüglich der Umsetzung der Konvention über die Rechte des Kindes. Ihrer Meinung nach kommt sie der aus Artikel 42 resultierenden Verpflichtung nach. So wird im Zweiten Staatenbericht von einer starken Forcierung der Anstrengungen zur Bekanntmachung der Kinderrechtskonvention gesprochen und eine Vielzahl von Maßnahmen aufgelistet. Erwähnung findet die Veröffentlichung des Vertragstextes der Konvention über die Rechte des Kindes in deren Wortlaut in einer Auflage von 115.000 Exemplaren, welche sich vorrangig an Erwachsene richtet sowie einer Broschüre (30.000 Exemplare) über die Kinderrechte, die diese auf kindgerechte Art und Weise vermittelt. Zusätzlich wurde 1999 in einer Auflage von 200.000 Stück eine weitere kindgerechte Variante der Kinderrechtskonvention veröffentlicht. Einzelne Bundesländer haben auf eigene Initiative hin selbständig ebenfalls den Text der Konvention publiziert. Die „Karawane für mehr Kinderfreundlichkeit“ hat das Bundesministerium für Familie, Senioren, Frauen und Jugend gemeinsam mit dem Deutschen Kinderhilfswerk durchgeführt. Intention dieser Kampagne war es, die Kinderrechtskonvention öffentlichkeitswirksam vorzustellen sowie für die Anliegen und Belange junger Menschen zu werben. Daneben wurden an verschiedenen Orten der Bundesre-

1 JMK 1998

2 CRC 2003

publik Deutschland „Kinderrechtswahlen" durchgeführt. Diese gelten als ein geeignetes Instrument, um Kinder und Jugendliche mit dem Vertragstext der Konvention über die Rechte des Kindes vertraut zu machen und einen Diskussionsprozess über Schwerpunkte und Prioritäten aus Sicht der Adressaten anzuregen.

Aus den Bundesländern weiß der Zweite Staatenbericht von der Erarbeitung und Publikation entsprechender Materialien in Hamburg, Nordrhein-Westfalen, Rheinland-Pfalz, Saarland und Thüringen zu berichten. In Berlin wurde eine eigene Fortbildungsreihe für Lehrkräfte und sozialpädagogische Fachkräfte initiiert und in Niedersachsen eine Ausstellung zum Thema „Kindheit ist kein Kinderspiel" erarbeitet. Ebenso hat das Bundesministerium für Familie, Senioren, Frauen und Jugend den „Kinderrechtekoffer" mit verschiedenen Materialien und Medien zum Thema Kinderrechte entwickelt und an 1.200 Institutionen, u. a. Fort- und Weiterbildungseinrichtungen sowie Landesjugendbehörden ausgegeben, um über die Multiplikatoren eine größere Reichweite zu erzielen.[3] Im Dritten und Vierten Staatenbericht wird ebenfalls auf eine Reihe von Druckmaterialien hingewiesen. Neben Broschüren und Publikationen stellt die Bundesregierung nun jedoch auch im virtuellen Bereich zunehmend Informationen zur Verfügung. So hat die Bundesregierung eigens die Internetseite www.kinderministerium.de erstellt, um Kinder über deren Rechte zu informieren. Ebenso wurde für die Jahre 2005-2010 ein Nationaler Aktionsplan für ein kindgerechtes Deutschland erstellt. Des Weiteren wird auf Aktivitäten verwiesen, die in Verantwortung der deutschen Bundesländer und von nicht-staatlichen Organisationen durchgeführt wurden. Ein Teil dieser Angebote wurde seitens des Bundes finanziell unterstützt und gefördert. Explizit hebt die Bundesregierung in ihrem Staatenbericht Fortbildungsmaßnahmen zur Unterrichtung über Menschen- und Kinderrechte hervor. Diese richteten sich insbesondere an Angestellte im Bereich der Justiz. Für entsprechende Qualifizierungsangebote im pädagogischen Bereich wird auf die Angebote der Bundesländer verwiesen.[4]

In den vorliegenden Stellungnahmen der Koordinierungsgruppe der National Coalition, einem Zusammenschluss von bundesweit tätigen Organisationen und Initiativen zur Bekanntmachung und Durchsetzung der Kinderrechtskonvention, zu den Staatenberichten der Bundesregierung werden die genannten Aktivitäten zur Kenntnis genommen. Dennoch kritisieren die Autoren die Tatsache, dass die Rechte des Kindes in Deutschland nur in sehr geringem Umfang bekannt sind. So schreiben die Verfasser in ihrer ersten Stellungnahme, dass die

3 BMFSFJ 2004
4 BMFSFJ 2010

Konvention über die Rechte des Kindes „weitgehend unbekannt“ sei.[5] Auch in der Stellungnahme der National Coalition zum Zweiten Staatenbericht wird bemängelt, dass die Rechte der Kinder zu wenig bekannt seien. Einen Grund sehen die Autoren darin, dass es in den vergangenen Jahren nicht gelungen sei, Kinderrechte als Bestandteil der Lehrpläne an Schulen zu etablieren und zum Gegenstand von Ausbildungsinhalten bei einschlägigen Berufsgruppen werden zu lassen. Neben Kinderrechten als Unterrichtsinhalt stellt die National Coalition auch darauf ab, Schulen sowie Kinder- und Jugendeinrichtungen dabei zu unterstützen die Rechte der Kinder als Maßstab der Arbeit in Projekten und ihren Einrichtungen zu betrachten.[6] Ähnliche Kritik wird ebenso in der Stellungnahme der National Coalition zum Dritten und Vierten Staatenbericht der Bundesrepublik Deutschland geäußert. Dort heißt es, dass der Kenntnisstand trotz vielfältiger Maßnahmen seitens der Bundesregierung sowie der Bundesländer unbefriedigend sei.[7] Gestützt wird diese Einschätzung auch von den Ergebnissen des 235. Flash Eurobarometers über die Rechte des Kindes aus dem Jahr 2008. Demnach wissen zwar 67 Prozent der befragten Personen, dass es bestimmte Rechte für Kinder gibt. Jedoch können 76 Prozent nicht angeben, um welche besonderen Rechte es sich dabei handelt. Auch ist mit 79 Prozent einer sehr deutlichen Mehrheit nicht bewusst, wie diese Rechte durchgesetzt werden können und bei wem bzw. wo im Falle einer Kinderrechtsverletzung Hilfe zu erwarten wäre.[8] Die National Coalition empfiehlt diesen Zustand u. a. mit Hilfe von Informationen beim Schuleintritt zu verbessern.[9]

Neben den offiziellen Dokumenten, die zumindest eine Uneinigkeit bezüglich der Wahrnehmung und Umsetzung der Verpflichtung, resultierend aus Artikel 42 der Konvention über die Rechte des Kindes, erkennen lassen existiert die Einsicht, dass Rechte bekannt und verstanden werden müssen bevor davon auszugehen sei, dass diese auch geachtet und im Zweifelsfall verteidigt werden können.[10] Genau vor diesem Hintergrund ist daher der Artikel 42 zu betrachten. Erst durch das Wissen um die eigenen Rechte können Kinder diese in Anspruch nehmen, verwirklichen und leben. Das Deutsche Institut für Menschenrechte spricht in diesem Zusammenhang von der „emanzipatorischen Intention“ der Menschenrechte. Demnach sind diese davon abhängig, dass sie durch den Inhaber der Menschenrechte selbständig und in eigener Verantwortung wahrgenommen werden. Bei der Ausbildung der dafür notwendigen Kompetenzen sind die

---

5 NC 1995
6 NC 2004
7 NC 2010
8 Flash Eurobarometer 2008
9 NC 2010
10 Amsler et al. 2005

Rechtsträger zu unterstützen.[11] Dies ist umso notwendiger, da angesichts der Vielzahl von Gefährdungen sowie Verletzungen der Menschenrechte bereits der Nachweis erbracht ist, dass allein die Erklärung eines Staates zum Schutz und zur Achtung der Menschenrechte noch keine Garantie dafür ist, selbst wenn diese rechtlich verbindlich geregelt wurde. Um von dieser Willensbekundung ausgehend die Lebenswirklichkeit entsprechend zu verändern ist es erforderlich ein Umfeld zu schaffen, in dem ein Bewusstsein für die eigenen Rechte und die Anderer besteht, in dem Gefährdungen und Verletzungen dieser Rechte erkannt sowie thematisiert werden können und in dem die Umsetzung der Menschenrechte auch verlangt werden kann.[12] Zur Schaffung dieses Umfeldes ist es von Nöten, Kinder und Erwachsene über Kinderrechte zu informieren. Aufklärung und Fortbildung sind dabei zentrale Ansätze, um der Intention des Artikels 42 der Kinderrechtskonvention gerecht zu werden. Erst dadurch gelingt es Menschen, in den „Genuss [ihrer] eigenen Menschenrechte" zu gelangen.[13] Dieser Prozess wird als Menschenrechtsbildung verstanden. Dabei handelt es sich um die Vermittlung von Wissen über die Menschenrechte und im konkreten Fall über die Rechte des Kindes. Daneben spielt aber auch die Beschäftigung mit den Werten, die aus diesen Rechten resultieren eine entscheidende Rolle, denn sie versetzt die Menschen in die Lage, entsprechende Fähigkeiten und Kompetenzen herauszubilden und zu entfalten.[14] Gemeinsam mit Artikel 29 KRK (Bildungsziele, Bildungseinrichtungen) formuliert Artikel 42 KRK demnach Menschenrechtsbildung als einen elementaren Faktor für die Begünstigung und Förderung der Menschenrechte in Deutschland.[15] Aufgrund dieser herausgehobenen Bedeutung kommt das Deutsche Institut für Menschenrechte zu dem Schluss, dass „das Recht auf die entsprechende Bildung ein eigenes Menschenrecht" darstellt.[16] Um diesem Recht in gebührendem Rahmen Nachdruck zu verleihen und die damit beabsichtigte Zielstellung der Bildung über Menschenrechte adäquat zu verfolgen, hatten die Vereinten Nationen die Jahre 1995 bis 2004 zur Dekade für Menschenrechtserziehung erklärt. Die Mitgliedsstaaten waren dazu aufgefordert, eigene Ansätze zur Weiterentwicklung der Menschenrechtsbildung in den Schulen entsprechend ihrer Bedürfnisse zu formulieren und Materialien für diese Prozesse zu entwickeln. Daneben sollten nationale Kontaktstellen für die Menschenrechtsbildung sowie nationale Forschungs- und Trainingszentren für Menschenrechte eingerichtet werden. Vorausgehen sollten dem eine Analyse der

11 DIMR 2011
12 Amsler et al. 2005
13 DIMR 2011
14 Amsler et al. 2011
15 Amsler et al. 2005
16 DIMR 2011

jeweiligen nationalen Bedürfnisse und die Feststellung von Gruppen mit speziellen Erfordernissen. Nationale Aktionspläne zur Menschenrechtsbildung sollten erarbeitet bzw. weiterentwickelt sowie in Umsetzung gebracht werden.[17]

17 OHCHR 1996

3 Methoden der Menschenrechtsbildung

Menschenrechte werden nicht durch ihre Niederschrift und Veröffentlichung realisiert. Sie bleiben solange ohne Wirkung, wie keiner von ihnen weiß.[18] Um Wirklichkeit werden zu können, bedarf es des Mittuns jedes einzelnen Menschen. Deswegen geht es der Menschenrechtsbildung im Kern darum, das Wissen über die Menschenrechte zu vermitteln, diese nicht nur für sich selbst sondern auch für andere zu akzeptieren sowie Menschen in die Lage zu versetzen, gegen Menschenrechtsverletzungen vorgehen zu können.[19] Auch Kahane sieht das Ziel der Menschenrechtsbildung darin, jungen Menschen und Erwachsenen ihre Rechte bewusst zu machen. Gleichzeitig verfolgt Menschenrechtsbildung aber auch den Ansatz, über bürgerliche Pflichten zu informieren und damit die Brücke zur Akzeptanz und Wahrnehmung der Rechte von Dritten zu schlagen. Zugleich soll Menschenrechtsbildung die friedliche und demokratische Konfliktlösung befördern.[20] Dabei zielt die Menschenrechtsbildung explizit auf die (Weiter-)Vermittlung des universellen Wertekanons der Menschenrechte sowie auf deren Bedeutung für einen selbst und andere ab.[21] Wetzel geht davon aus, dass erst durch diesen aktiven Prozess des Menschenrechte im Bewusstsein jedes Einzelnen zu verankern die weltweite Akzeptanz und damit auch die weltweite Geltung der Menschenrechte durchgesetzt werden können. „Daraus ergibt sich die Aufgabe, die Bevölkerung für die eigene Würde und die des Mitmenschen zu sensibilisieren".[22] Unterstrichen wird dies durch Bielefeldt, der der Meinung ist, Ziel und Maßstab der Menschenrechtsbildung ist die Achtung der Menschenwürde.[23] Genau durch dieses Moment fällt der Bildung eine zentrale Rolle in der Realisierung der Menschenrechtsidee zu. Nur, wenn Menschen ihre Rechte kennen, werden sie diese auch wahrnehmen, einfordern und schützen können.[24] Dabei kommt der Schule ein besonderer Stellenwert zu. Als Raum, in dem eine Vielzahl von Menschen nahezu täglich interagiert sowie in Lern- und Lebenssituationen Zeit miteinander verlebt, ergeben sich ungezählte Gelegenheiten zur Thematisierung und Beschäftigung mit Kinder- und Menschenrechten. In der Schule kann dabei entscheidend das Interesse und der Umgang mit diesen Rechten beeinflusst werden. In diesem Sinn kann das Grundprinzip des

18 Enderlein/ Krappmann 2007
19 Turek 2006
20 Kahane 2006
21 Fritzsche 2006, Kahane 2006
22 Wetzel 2007
23 Bielefeldt 2004
24 Lohrenscheit 2006

respektvollen Umgangs miteinander langfristig die Basis für den Erfolg der Menschenrechtsidee legen.[25] Unterstützung findet dieser Ansatz bei der Arbeitsgruppe Menschrechtsbildung im Forum Menschenrechte. Auch dieses Gremium unterstreicht, dass Bildung und Erziehung die Möglichkeit innewohnt, Akzeptanz für die universellen Grundsätze des freien Zusammenlebens in einer Gemeinschaft zu vermitteln und für die Zukunft zu bewahren. Deutlich wird bei diesem Ansatz aber auch, dass Schule neben dem Bildungsauftrag ebenso einen Erziehungsauftrag zu erfüllen hat. Wenn Lehrerinnen und Lehrern die Aufgabe zukommt, sich mit den Werten ihrer Schülerinnen und Schüler auseinanderzusetzen, diese gar pädagogisch beeinflussen zu sollen, wird der Rahmen der formalen Bildung überschritten.[26] In einem solchen Prozess wird die jeweilige Schule selbst nicht umhinkommen, die Verwirklichung der Ideen und Ziele der Kinderrechtskonvention anzustreben. Menschenrechtsbildung kann demnach schlecht in einem Klima der Beschämung, Herabsetzung oder Ausgrenzung stattfinden. Um dies erfolgreich zu gestalten, wird es nötig sein, nicht nur einen interessanten und anregenden Unterricht anzubieten, sondern auch permanent auf die Gefühlslagen der Kinder einzugehen, Tempo und Schwierigkeitsgrade der Vermittlung an den Fortschritten der Kinder anzupassen und das Wohlbefinden aller Beteiligten stärker ins Zentrum zu rücken.[27] Ebenso weist Thies darauf hin, dass durch die Achtung der Würde ein positives Sozialklima erzeugt wird. Darin eingeschlossen sieht sie den Schutz vor Ausgrenzung, Mobbing und Anfeindung aufgrund des Geschlechts, der Ethnie, Religion oder sozialen Herkunft.[28] Ebenso ist ein autoritärer oder doktrinärer Vermittlungsstil auszuschließen.[29] Die Anerkennung und der Umgang mit Verschiedenheit und Vielfältigkeit setzen zum Teil große Anstrengungen voraus, da weder die pädagogischen noch die psychologischen Voraussetzungen Bestandteil der Lehrkräfteausbildung sind, die sich stark auf die Professionswissenschaften stützt. Gerade vor diesem Hintergrund ist es immens wichtig, dass alle Beteiligten im System Schule und ihr Gesamtbild des pädagogischen Agierens menschenrechtlich begründet sind.[30] In diesem Sinn beeinflusst jeder Akteur im Raum Schule durch sein eigenes Handeln, Auftreten und Agieren die Voraussetzungen für eine gelingende Menschenrechtsbildung. Neben einer Pädagogik, die sich an den Kinder- und Menschenrechten orientiert, erscheint es wichtig, auch eine Perspektive der Nicht-Diskriminierung zu vertreten. Dies kann dabei helfen, Probleme der Her-

25 Haupt /Turek 2007
26 Amsler et al. 2005
27 Kahane 2006
28 Thiess 2011
29 Bielefeldt 2004
30 Edelstein 2009

absetzung bestimmter (Schüler- und Schülerinnen-)Gruppen zu verhindern, Raum für eine entsprechende Thematisierung zu eröffnen und so perspektivisch auch zur Beseitigung gruppenspezifischer Diskriminierung beizutragen.[31] Dabei zielt ein umfassendes Bildungsverständnis auf die volle Entfaltung der menschlichen Persönlichkeit und die Stärkung der Achtung vor den Menschenrechten sowie Grundfreiheiten ab, wie sie in Artikel 26 der Allgemeinen Erklärung der Menschenrechte verankert sind.[32] Begünstigt wird ein solcher Prozess dadurch, dass Schülerinnen und Schüler ebenso wie Lehrerinnen und Lehrer eine gewisse Vorstellung von Menschenrechten bereits mit einbringen können. Insbesondere schwere Menschenrechtsverletzungen, wie Folter oder eindeutig rassistisch motivierte Ausgrenzungen bestimmter Gruppen können im Regelfall durch ein vorhandenes Gerechtigkeitsempfinden als solche erkannt werden. Sinnvoll ist es laut Bielefeldt und Seidensticker genau an diesen empathischen Anknüpfungspunkten weiterzuarbeiten. Neben der Vermittlung von Sachinformationen, Hintergründen und Fragen der geschichtlichen Entwicklung der Kinder- und Menschenrechte ist es ihnen wichtig, dass Gerechtigkeitsempfinden der Schülerinnen und Schüler anzusprechen und für den Unterricht zu nutzen.[33] Gleichzeitig findet die Menschenrechtsbildung in der Schule eine gute Grundlage, an vertrauten Methoden und didaktischen Vorgehensweisen, auf die Lehrkräfte zurückgreifen können. Darüber hinaus kann Menschenrechtsbildung auch vor dem Hintergrund, dass es sich um eine Querschnittsaufgabe handelt an verschiedenen Stellen in den Unterrichtsalltag eingebunden werden. So besteht die Möglichkeit, an unterschiedlichsten Anknüpfungspunkten Bezüge zwischen dem zu vermittelnden Lehrinhalt und den Kinder- wie Menschenrechten herzustellen.[34] Ungeachtet der inhaltlichen Anbindung an das jeweilige Unterrichtsfach oder fachübergreifende Projekte geht es bei der Menschenrechtsbildung um die Vermittlung von Kompetenzen und Fähigkeiten. Laut der Arbeitsgruppe Menschenrechtsbildung im Forum Menschenrechte teilt sich die gewünschte und anzustrebende Entwicklung der Kompetenzen dabei auf drei Bereiche auf. Diese sind auch durch die Aufgabenfelder der Menschenrechtsbildung „Lernen über, durch und für die Menschenrechte“ gekennzeichnet. Demzufolge handelt es sich um Fähigkeiten in den Bereichen Urteilsfähigkeit, Handlungsfähigkeit und methodische Fähigkeit.[35] Lohrenscheit präzisiert diesen Dreiklang der Menschenrechtsbildung und attestiert eine Verzahnung der Lernfelder. Beim Wissen über die

31 Reinfrank 2006
32 Haupt/ Turek 2007
33 Bielefeldt/ Seidensticker 2007
34 Amsler et al. 2005, Reinfrank 2006
35 Amsler et al. 2005

Menschenrechte geht es ihr darum, dass neben der Kenntnis der Vertragstexte auch ein gewisser Grad an Verständnis für die Menschenrechte vorhanden ist sowie die dazu gehörigen Schutzmechanismen und entsprechenden Akteure bekannt sind. Neben dem Bekanntmachen und der Vermittlung von Wissen über die Menschenrechte stellt sie auf die Auseinandersetzung mit grundlegenden Prinzipien und Werten ab. Diese gilt es auch im Bildungsprozess während des Lernens der Kinder- und Menschenrechte zu beachten. Die aktive Teilhabe ist dabei genauso wie die kritische Reflexion eine wichtige Grundlage für Lehrende wie Lernende. Zielstellung dieses Prozesses bleibt, jeden einzelnen Menschen „für den selbstbestimmten Einsatz für Frieden und Menschenrechte“ durch Bildung vorzubereiten und zu stärken.[36] Durch Heranführen, Üben und Vermitteln von Wissen ebenso wie von Fertigkeiten gelingt im Zusammenwirken mit der Veränderung von Werten die Stärkung des Bewusstseins für die Menschenrechte.[37] Wetzel teilt die Ziele der Menschenrechtsbildung zwar in vier Bereiche ein. Gleichzeitig ergibt sich daraus aber kein inhaltlicher Widerspruch zu dem Vorgenannten. Auch für ihn geht es dabei um die Kenntnis der Menschenrechte und deren Verletzungen, die Verinnerlichung und Bedeutung der Menschenrechte für jeden Einzelnen, das Engagement zur Wahrung der Menschenrechte auch gegenüber Dritten und die Anerkennung der Menschenrechte als Richtschnur für das eigene Leben.[38] Ähnlich sieht dies Turek. Auch für sie begrenzt sich Menschenrechtsbildung nicht allein auf die Vermittlung von Informationen über die Konventionen. Daneben soll ein Beitrag dazu geleistet werden, dass Kompetenzen, wie u. a. die Fähigkeit zum Umgang mit Konflikten und Werten herausgebildet werden können. Sie bezeichnet dies als Persönlichkeitsbildung und stellt damit ebenfalls, wie Lohrenscheit und Wetzel, auf Empowerment, also die „Stärkung der Selbstachtung“ ab.[39] Haupt empfiehlt in diesem Prozess darauf zu achten, dass Themen und Ereignisse aufgegriffen werden, die aktuell sind und einen positiven Zugang zur Menschenrechtsproblematik ermöglichen sowie Handlungsoptionen aufzeigen können. Ihrer Meinung nach können „Katastrophenpädagogik“ und das Erzeugen von Ohnmachtsgefühlen auf Seiten der Schülerschaft kontraproduktiv sein. Auch schränkt sie die Bedeutung des ersten Bereichs der Menschenrechtsbildung, die Wissensvermittlung, ein wenig ein. Ihr Ziel sei es nicht, dass junge Menschen die Artikel der Konvention über die Rechte des Kindes auswendig wiedergeben können, sondern vielmehr, dass sie verinnerlichten, dass grundlegende Rechte für alle Menschen existieren. Sie legt

---

36 Lohrenscheit 2006

37 Lohrenscheit 2006, Lohrenscheit/ Rosemann 2003

38 Wetzel 2007

39 Turek 2006

damit ein stärkeres Augenmerk auf die Haltungs- und Erhaltensebene bezüglich der Rechte.[40] Durch diese Schwerpunktsetzung innerhalb des Dreiklangs der Zielstellung zur Menschenrechtsbildung ergibt sich dennoch kein Dissens z. B. zu Lohrenscheit und Rosemann, da auch sie betonen, dass die „Bewusstseinsbildung, um Menschen zu ermöglichen, ihnen widerfahrenes Unrecht als solches zu erkennen und sich mit rechtlichen Mitteln verteidigen zu können“ eines der ersten Ziele der Menschenrechtsbildung ist.[41] Mahler und Mihr unterstützen dies, indem sie darauf abstellen, dass Menschenrechtsbildung keine Informationslehre sein soll, sondern Anleitung zum Handeln.[42]

Die Gewichtung zwischen den einzelnen Feldern der Menschenrechtsbildung richtet sich, ihren Schwerpunkten nach, auch an der Altersstufe der Schülerinnen und Schüler aus. So wird empfohlen, im Bereich der Grundschule vorwiegend über die Auseinandersetzung mit Gefühlen, Sorgen, Bedürfnissen und Meinungen einen Prozess zu führen, der Erkenntnisse im Bereich Würde, Vertrauen und Respekt ermöglicht. Für die Sekundarstufe I kann darüber hinaus angestrebt werden, neben den Grundkenntnissen in Bezug auf die Kinder- und Menschenrechte auch Problemlagen vorzustellen, für entsprechende Situationen zu sensibilisieren und auch über Alternativen zu diskutieren. Darauf aufbauend können in der Sekundarstufe II Prozesse zur weiteren Moralausbildung durchgeführt und ein Schwerpunkt auf Mechanismen zur Abwendung von Menschenrechtsgefährdungen und Hilfe bei Menschenrechtsverletzungen gelegt werden.[43]

Reinfrank unterstützt den fächerübergreifenden Ansatz und weist darüber hinaus auf weitere Möglichkeiten hin, Menschenrechtsbildung im Umfeld der Schule zu praktizieren. Seiner Meinung nach lassen sich über den Unterricht hinaus ausreichend Gelegenheiten finden, um Ideen und Inhalte der Menschen- und Kinderrechte zu platzieren. Er meint, dass Schulen demokratische Prozesse befördern sollten, die mit Schülern, Lehrkräften und Eltern alle Akteure einbindet und in die kommunale Gemeinschaft ausstrahlen sollte. Er empfiehlt demokratische Prozesse anzuschieben, die über die an Schule vertretenen Akteure hinaus auch in die Kommune und in die Familien hineinstrahlen können. Dabei regt er die Vernetzung mit außerschulischen Partnern an, um uneigennütziges Handeln zu initiieren. So könnten z. B. Aktivitäten gegen Ausgrenzung oder für einen kulturvollen und demokratischen Umgang miteinander ins Leben gerufen werden. Durch die Vielzahl der zu erreichenden Personen könnte sich das Interesse für die Auseinandersetzung mit Kinder- und Menschenrechten sowie De-

40 Haupt 2007
41 Lohrenscheit/ Rosemann 2003
42 Mahler/ Mihr 2004
43 Amsler 2005

mokratie in das außerschulische, kommunale Umfeld vervielfachen. Voraussetzung dafür wäre nach Reinfrank jedoch, dass insbesondere die initiierende Schule mit ihrer eigenen Kultur beispielgebend für die zu gewinnenden Akteure ist und diese begeistern und motivieren kann. Dieser Prozess könnte durch Kinderbüros, Jugendparlamente oder andere Einrichtungen und Initiativen, die sich der Verwirklichung der Kinder- und Menschenrechte widmen, unterstützt und verstärkt werden.[44] Anklang findet dies auch bei Edelstein. Er unterstützt bürgerschaftliches Engagement und begrüßt, wenn dieses von der Schule ausgeht. Dadurch kann Schule Erfahrungen der Selbstwirksamkeit und Verantwortungsübernahme schaffen, welche er als Voraussetzung für individuelles Engagement sieht. Im besten Fall bereitet Schule junge Menschen so auf ein aktives Leben in der Gemeinschaft vor. Voraussetzung dafür ist, dass Fähigkeiten des sozialen Agierens und Verstehens seitens der verantwortlichen Akteure bereits vorhanden sind. Edelstein betrachtet diese als konstituierend für eine demokratische und menschenrechtliche Erfahrung.[45] Dies entspricht so auch den Vorstellungen von Europäischer Union, Europarat und der Organisation für wirtschaftliche Zusammenarbeit und Entwicklung. Diese betrachten Menschenrechte, Demokratie, Nachhaltigkeit und soziale Inklusion als zentrale Leitwerte für strategische Entscheidungen. Aus ihrer Sicht sind Menschenrechte ohne Demokratie nicht vorstellbar, während soziale Inklusion und nachhaltige Entwicklung notwendige Voraussetzungen für den Bestand der Demokratie darstellen.[46]

Neben den bereits genannten Faktoren stellen im konkreten Bezug zur schulischen Menschenrechtserziehung auch der Umgang von Lehrkräften sowie Schülerinnen und Schüler unter-, wie miteinander, die Lehr- und Lernformen, ebenso wie die Ausstattung mit und Qualität der Unterrichtsmaterialien sowie die Organisation der Schule weitere entscheidende Einflüsse auf den Prozess und das Gelingen der Menschenrechtsbildung dar.[47] Enderlein und Krappmann beschreiben dies als „stimmige Formen des Zusammenlebens“. Demnach ist Schule so zu gestalten, dass sie Erfahrungsraum für Anerkennung und Ort der Berücksichtigung von Erwartungen und Hoffnungen der Kinder ist. Anderenfalls sehen sie die Gefahr, dass junge Menschen sich gesellschaftlich zurückziehen und nicht bereit sind Verantwortung zu übernehmen.[48] Himmelmann spricht in diesem Zusammenhang von verschiedenen Ebenen, die für das Sammeln von Demokratieerfahrungen in der Schule ausschlaggebend sind. Dazu gehört für ihn

---

44 Reinfrank 2006
45 Edelstein 2009
46 Edelstein 2007
47 Amsler et al. 2005
48 Enderlein/ Krappmann 2007

zunächst ein demokratischer Erziehungsstil, der mittels gegenseitigen Vertrauens, einander entgegengebrachter Achtung sowie wechselseitiger Anerkennung erzeugt werden kann. Neben dem sozialen Agieren von Lehrkräften mit ihren Schülerinnen und Schülern spielt auch das Verhalten der Schülerschaft untereinander eine entscheidende Rolle. Durch das Erleben von Konflikten, dem Erkennen von Fremden, das Wahrnehmen von Emotionen und Besonderheiten findet soziales Lernen statt, welches Toleranz, Selbstkontrolle und Selbstvertrauen fördert.[49] Wenn dies im Klassenverbund und als Schulkultur für Kinder erlebbar wird, werden Kinderrechte unbewusst gelebt.[50]

49 Himmelmann 2007
50 Otten/ Ottens-Schmitz 2011

4 Kinderrechte in den Lehrplänen der deutschen Bundesländer

Der Ausschuss für die Rechte der Kinder weist in seinem General Comment No. 5 ausdrücklich darauf hin, dass Kinder die Möglichkeit erhalten müssen, ihre Rechte kennenzulernen. Er empfiehlt daher, die Konvention über die Rechte des Kindes sowie die Menschenrechte als Gegenstand des schulischen Unterrichts in den Lehrplänen zu verankern. Die Mitglieder des Ausschusses stützen sich dabei auf Artikel 29 Absatz 1 der Kinderrechtskonvention, wonach „dem Kind Achtung vor den Menschenrechten und Grundfreiheiten und den in der Charta der Vereinten Nationen verankerten Grundsätzen zu vermitteln" sei.[51] Dementsprechend hat die Kultusministerkonferenz auf ihrer Beratung am 3. März 2006 beschlossen, „dass die Vermittlung von unveräußerlichen Rechten und essentiellen Werten wie Menschenwürde, Toleranz, Freiheit, Selbstbestimmung und Schutz vor Gewalt nach den schulrechtlichen Regelungen der Länder sowohl allgemeine Aufgabe von Schule und Unterricht als auch spezifische Aufgabe der dafür relevanten Fächer ist".[52] Damit verbindet sich zwar keine explizite Vereinbarung zur Verankerung der Kinderrechte in den Rahmenlehrplänen der Bundesländer, aber implizit ist dieser Forderung Rechnung getragen. Unterstützt wird dies durch den ebenfalls getroffenen Beschluss Schulen, darüber zu informieren, dass „Kompass – ein Handbuch zur Menschenrechtsbildung für die schulische und außerschulische Bildungsarbeit" als Material zur Umsetzung der Menschenrechts- und Kinderrechtsbildung im Unterricht zur Verfügung gestellt werden kann.[53] Gleichzeitig ist aber auch angeraten, darauf hinzuweisen, dass allein die Verankerung des Themas Kinderrechte in den Rahmenlehrplänen keine Aussage darüber trifft, in welcher Qualität die Vermittlung der Kinderrechte gegenüber den Schülerinnen und Schülern gelingt.

4.1 Schleswig-Holstein

Das Schulgesetz des Landes Schleswig-Holstein formuliert in § 4 Abs. 2 einen Bildungsauftrag, welcher sich an den im Grundgesetz vereinbarten Menschenrechten sowie an den Werten der sozialen und liberalen Freiheitsbewegungen sowie den christlichen und humanistischen Wertvorstellungen ausrichtet.[54] In den Lehrplänen des Landes finden sich verschiedene Hinweise zur Beschäfti-

---

51 CRC 2003

52 KMK 2006

53 Ebd.

54 SchulG 2007

gung mit Themen, die dem Bereich der Menschenrechtsbildung zuzuordnen sind. So wird empfohlen, in der Grundschule den Themenkreis „Menschen verschiedener Länder und Kulturen kennen lernen und verstehen“ zu behandeln. Für die Sekundarstufe I wird im Fach Wirtschaft und Politik das Kennenlernen der UNO-Charta und die Auseinandersetzung damit nahegelegt. Die Thematisierung von Komplexen, wie „Weltbilder und Menschenbilder“, „Die Frage nach dem Menschen, die Frage nach dem richtigen Handeln“ oder „Ethisches Begründen, Urteilen und Handeln“ sind für die Sekundarstufe II vorgesehen.[55] Einen Hinweis auf die Behandlung von Kinderrechten im Unterricht gibt der Lehrplan Erdkunde für die Sekundarstufe I an weiterführenden allgemeinbildenden Schulen. Dort sind diese zumindest als Beispiel bei der Thematisierung von Beteiligung angegeben.[56]

Neben der Auseinandersetzung mit Menschenrechten im Rahmen des schulischen Unterrichts existieren in Schleswig-Holstein eine Reihe von Projekten, in denen Schülerinnen und Schüler gemeinsam mit außerschulischen Partnern, wie dem Landesjugendring, dem Landessportverband oder „Schüler helfen leben e. V.“ praktische Erfahrungen in der internationalen Verständigung oder der interkulturellen Bildung erlangen können.[57] So führen sieben Schulen das Baltic-Sea-Project mit dem Ziel, eine Kultur des Friedens zu schaffen und Bewusstsein für Menschenrechte, Toleranz sowie Umweltschutz herauszubilden, durch.[58] Weitere sieben Schulen haben sich am Modellversuch „Demokratie lernen und leben“ der Bund-Länder-Kommission für Bildungsplanung und Forschungsförderung beteiligt. Erreicht werden sollte damit die Demokratisierung von Unterricht und Schulalltag sowie die Bereitschaft von Schülerinnen und Schülern sich aktiv an der Zivilgesellschaft zu beteiligen und dadurch stark gegen rechtsextremistische und antisemitische Einflüsse zu werden.[59]

Die Behandlung und Thematisierung von Kinderrechten bzw. der Konvention über die Rechte des Kindes ist nicht explizit in den Rahmenlehrplänen des Landes Schleswig-Holsteins verankert. Auch aus den durchgeführten Projekten und anhand der seitens des Landes empfohlenen Handreichungen und Lehrmaterialien ist dies nicht zu erkennen.[60]

55 KMK 2008
56 MBWFK 2012
57 KMK 2008
58 BSPS 1999, KMK 2008
59 BLK 2002, KMK 2008
60 KMK 2008

4.2 Hamburg

Das Hamburgische Schulgesetz orientiert sich an den Werten des Grundgesetzes sowie der Verfassung der Freien und Hansestadt Hamburg. Als Aufgabe formuliert es, Schülerinnen und Schüler zu Toleranz, Gerechtigkeit und Solidarität zu erziehen, damit sie an der Gestaltung einer menschlichen und demokratischen Gesellschaft mitwirken können.[61] In den Rahmenlehrplänen findet sich eine Vielzahl von menschenrechtsrelevanten Fragestellungen und Themen. So ist z. B. für den Sachunterricht in der Grundschule die Behandlung von demokratischer Mitwirkung in der Schule, in den Fächern Geschichte und Politik der Gesamt-, Real- und Hauptschulen die Thematisierung von Informationsgewinnung, Mediennutzung und Meinungsfreiheit und im Gymnasium die Bearbeitung des Komplexes „Weltwirtschaft, Internationale Politik und Menschenrechte" vorgesehen. Kinderrechte weist der Hamburgische Rahmenlehrplan konkret für die Jahrgangsstufen 3 und 4 in der Primarstufe aus. Darüber hinaus kooperieren Hamburgische Schulen mit außerschulischen Partnern, wie Amnesty International, Eine Welt Netzwerk Hamburg e. V. oder der KZ-Gedenkstätte Neuengamme, um Themen der Kinder- und Menschenrechte zu bearbeiten.[62]

4.3 Bremen

Auftrag der Bildung und Erziehung in Bremen ist es, Schülerinnen und Schüler im Sinne der Menschenrechte zur Übernahme politischer und sozialer Verantwortung zu erziehen, die Bereitschaft zum Einsatz für Gerechtigkeit zu fördern sowie Diskriminierung und Unterdrückung abzuwenden.[63] Die Beschäftigung mit Themen der Menschenrechte ist in den entsprechenden Rahmenlehrplänen für Geschichte und Gemeinschaftskunde in den Jahrgangsstufen acht bis 13 festgelegt. Dabei soll sich u. a. mit Fragen von „Herrschaft und Freiheit", „Gleichheit und Ungleichheit", der Politik der Menschenrechte sowie dem Menschenrechtsbegriff in seiner Entstehung, Entwicklung und möglichen Konflikten beschäftigt werden. Lehrkräfte in Bremen arbeiten dabei z. B. mit dem Bremer Informationszentrum für Menschenrechte und Entwicklung, dem Nord-Süd-Forum und der Universität Bremen zusammen. Die Betrachtung der Kinderrechtskonvention der Vereinten Nationen im Unterricht Bremischer Schulen ist seitens der Landesregierung nicht explizit vorgesehen.[64]

---

61 HmbSG 1997

62 KMK 2008

63 BremSchulG 2005

64 KMK 2008

4.4 Niedersachsen

Laut dem Niedersächsischen Schulgesetz muss die Schule den Schülerinnen und Schülern Wertvorstellungen vermitteln, die dem Deutschen Grundgesetz und der Niedersächsischen Landesverfassung entsprechen. Beachtung finden sollen dabei die Ideen und Vorstellungen des Christentums, der liberalen, sozialen und demokratischen Freiheitsbewegungen sowie des europäischen Humanismus. „Die Schülerinnen und Schüler sollen fähig werden, die Grundrechte für sich und jeden anderen wirksam werden zu lassen [...].“ Gleichzeitig sollen sie Beziehungen zu ihren Mitmenschen gerecht, solidarisch und tolerant gestalten. Völkerverständigung, Nachhaltigkeit und Konfliktvermeidung sollen Grundlage ihres Handelns sein.[65]

Im Fach „Werte und Normen“ werden den Kindern in Niedersachsen in der Sekundarstufe I und II die Menschenrechte näher gebracht. In diesem Rahmen sollen sie über Menschenrechtsverletzungen, die „Frage nach dem Menschen“ sowie über die Begründung und Gefährdung der Menschenwürde unterrichtet werden. „Werte und Normen“ wird an den Gymnasien in den Klassenstufen 7 bis 12 und für die Real- und Hauptschulen in den Klassenstufen 9 und 10 angeboten. Kinderrechte werden im Kerncurricula nicht explizit erwähnt. Zur Behandlung im Unterricht erarbeitete die Niedersächsische Landeszentrale für politische Bildung Handreichungen. Darunter z. B. „Die Würde des Menschen: antastbar?“ von Franz Josef Wetz. Daneben wird in den Unterrichtsfächern Politik-Wirtschaft, Geschichte bzw. Politik über Grundlagen der Demokratie, Gewaltenteilung und Bürgerrechte informiert.

Um diese Zielstellung auch außerunterrichtlich zu befördern zertifiziert Niedersachsen Schulen mit dem Titel „Schule ohne Rassismus – Schule mit Courage“. Dabei arbeiten die Schulen mit der „Action Courage“ zusammen. U. a. dieses Projekt dient der Behandlung und aktiven Auseinandersetzung mit den Themen Diskriminierung und Menschenwürde.[66]

4.5 Mecklenburg-Vorpommern

Zielstellung des Bildungs- und Erziehungsauftrages im Land Mecklenburg-Vorpommern ist es, die Schülerinnen und Schüler zu selbstbewussten Menschen heranzubilden. Werte, wie Toleranz und Verantwortung für die Gesellschaft sollen ihnen vermittelt werden. Sie sollen lernen für die Gleichstellung von Mann und Frau einzutreten, nachhaltig mit den Ressourcen unseres Planeten umzuge-

65 NSchG 1998
66 KMK 2008

hen und Informationen kritisch zu hinterfragen. Als Aufgabengebiete benennt das Schulgesetz des Landes Mecklenburg-Vorpommern ausdrücklich die Rechts- und Friedenserziehung sowie die interkulturelle Erziehung.[67]

Kinderrechtsbildung kommt trotz der Erwähnung in den Rahmenlehrplänen in Mecklenburg-Vorpommern nicht zur Anwendung. Gemeinsam mit den Ländern Berlin und Brandenburg hat Mecklenburg-Vorpommern einen Rahmenlehrplan für den Sachunterricht der Grundschulen erarbeiten lassen und im Jahr 2004 vorgelegt. In diesem ist die Behandlung des Themas Kinderrechte in den Klassenstufen 3 und 4 vorgesehen. Die Kinderrechtskonvention soll dabei als Grundlage dienen. Zur thematischen Behandlung wird das Thema Kinderarbeit angeregt. Im Gegensatz zu den Ländern Berlin und Brandenburg findet der gemeinsam erarbeitete Rahmenlehrplan jedoch keine Anwendung im Land Mecklenburg-Vorpommern.[68] Quer durch verschiedene Fächer, wie Sozialkunde, Geschichte, Philosophie und Geografie finden sich dennoch in allen Klassenstufen Bezüge zu den Menschenrechten im Allgemeinen. So geht der Philosophieunterricht der Frage nach „Was ist der Mensch?“ und im Geschichtsunterricht wird die historische Entwicklung anhand der Französischen Revolution über die „Bill of Rights“ hin zur deutschen Nachkriegsgeschichte nachgezeichnet. Zusätzliche Beachtung dieser Themen findet sich in den UNESCO-Projektschulen bzw. in diesen, die an dem BLK-Modellversuch „Demokratie lernen und leben“ teilnehmen.[69]

4.6 Nordrhein-Westfalen

Das Schulgesetz des Landes Nordrhein-Westfalen formuliert als Lernziele für die Schülerinnen und Schüler, dass diese ihre Meinung vertreten und andere Meinungen achten können, Toleranz gegenüber weltanschaulichen und religiösen Alternativen entwickeln sowie für demokratische und bürgerliche Rechte des Grundgesetzes und der Landesverfassung eintreten.[70]

Bildung und Information in Bezug auf die Menschenrechte findet in Nordrhein-Westfalen indirekt über die Thematisierung von Demokratie, Gesellschaft und Toleranz sowie stark religiös geprägt über die Auseinandersetzung mit Wertvorstellungen und Ethiken vor dem katholischem, evangelischem oder islamischem Hintergrund statt.[71] Ausdruck findet dies auch in der Landesverfassung, welche im Abschnitt für Schule, Kunst und Wissenschaften an erster Stel-

67 SchulG M-V 2010
68 MBJS et al. 2004
69 KMK 2008
70 SchulG 2005
71 KMK 2008

le die „Ehrfurcht vor Gott“ als „vornehmstes Ziel der Entwicklung“ von Schülerinnen und Schülern herausstellt.[72] Der Begriff der Menschenrechte findet sich im Rahmenlehrplan überhaupt nur im Unterrichtsfach Geschichte in der Sekundarstufe I, Jahrgangsstufe 11 erstes Halbjahr.[73] Im Rahmenlehrplan der Sekundarstufe I für den Englischunterricht an Gymnasien ist die Behandlung der Themen Kinderrechte und Kinderarbeit unter dem Gesichtspunkt der Berufsorientierung vorgesehen. Vorgeschlagen wird die Thematisierung z. B. im Rahmen der industriellen Revolution.[74] Des Weiteren hat die Landesregierung im Jahr 2011 im Nachgang einer Petition beschlossen, Kinderrechte verpflichtend in den Lehrplänen des Landes zu verankern.[75] Darüber hinaus betont das zuständige Ministerium des Landes gegenüber der Kultusministerkonferenz, dass Menschenrechtserziehung ein wichtiger Bestandteil schulischer Bildung sei und die Thematik umfassend in den entsprechenden Materialien verankert ist. Verwiesen wird auf über 700 entsprechende Fundstellen auf dem Bildungsserver des Landes, den Friedenspreis für Kinder- und Jugendbücher, die Teilnahme an „Demokratie lernen und leben“ sowie die außerschulische Zusammenarbeit mit Kooperationspartnern wie Amnesty International und verschiedenen Gedenkstätten.[76]

4.7 Sachsen-Anhalt

Schülerinnen und Schüler in Sachsen-Anhalt sollen zur „Achtung der Würde des Menschen [und] zur Selbstbestimmung in Verantwortung gegenüber Andersdenkenden“ erzogen werden. Dafür sollen ihnen Kompetenzen und Werte, wie die Achtung und Gleichberechtigung aller Menschen ungeachtet ihrer Abstammung, ihres Geschlechts oder ihrer Religion vermittelt werden. Toleranz, Völkerverständigung und kulturelle Vielfalt sollen ihnen als Wegweiser dabei dienen.[77] Damit dies gelingen kann, findet sich in den Rahmenlehrplänen des Landes eine Reihe von Hinweisen auf die Menschenrechtsbildung. So steht die Befassung mit der Allgemeinen Erklärung der Menschenrechte sowie weiterer internationaler und europäischer Konventionen in den Fächern Rechtskunde, Sozialkunde und Ethik für alle Schulformen in verschiedenen Jahrgangsstufen auf dem Stundenplan. Die Kinderrechtskonvention ist explizit im Fach Sozialkunde für Sekundarschulen wie Gymnasien der Jahrgangsstufen 8 und 9 oder 10 ver-

72 LV NRW 1950
73 KMK 2008
74 MSW 2007
75 DKHW 2011
76 KMK 2008
77 SchulG LSA 2005

ankert. Als Handreichung wird den Lehrkräften die Dokumentation der Fachtagung Kinderpolitik „Kinder haben Rechte“ empfohlen. Des Weiteren finden sich implizite Hinweise auf die Befassung mit Menschenrechten in anderen Unterrichtseinheiten, wie „Moral erfahren – Mit moralischen Sprüchen umgehen“ oder „Menschlich miteinander leben – ethische Ansprüche in den Religionen“.

Neben der Einbindung des Themas Menschenrechte in die Rahmenlehrpläne des Landes gab es auch eine entsprechende Verankerung in der staatlichen Lehrkräftefortbildung. U. a. fand im Januar 2002 in Zusammenarbeit mit dem UNESCO-Lehrstuhl für Menschenrechtserziehung der Universität Magdeburg eine landesweite Veranstaltung für Lehrerinnen und Lehrer in Lutherstadt Wittenberg statt.

Darüber hinaus gibt es in Sachsen-Anhalt UNESCO-Projekt-Schulen und Europaschulen. Schulen, die sich in diesen Netzwerken engagieren beschäftigen sich zusätzlich mit Fragen der Menschenrechte, der Konfliktbewältigung, Toleranz und interkultureller Vielfalt. Zur Umsetzung dieser Konzepte kooperieren die Schulen mit einer Vielzahl außerschulischer Partner, wie den Kinderrechtsbeauftragten der Kommunen, Menschenrechtsorganisationen und dem UNESCO-Lehrstuhl für Menschenrechtserziehung an der Otto-von-Guericke Universität in Magdeburg.[78]

4.8 Brandenburg

Die Verwirklichung und Achtung, der in der Landesverfassung und im Grundgesetz niedergeschriebenen Werteordnung spielen eine zentrale Rolle für die Schulen im Land Brandenburg. Offenheit und Toleranz gegenüber den verschiedenen politischen, kulturellen und religiösen Überzeugungen sowie die Nichtdiskriminierung auf Grund unterschiedlicher Herkunft, Geschlecht oder Behinderung und die Freiheit des Gewissens stehen dabei im Mittelpunkt. Die Schülerinnen und Schüler sollen zum kritischen Umgang mit Informationen, zur friedlichen Konfliktlösung, zur Gleichberechtigung von Frau und Mann, zu Gerechtigkeit und Solidarität, zur Stärkung der Demokratie und zur Achtung anderer Kulturen und Völker erzogen werden. In diesem Prozess soll Schule in Brandenburg die zunehmende Einsichtsfähigkeit und Selbständigkeit der Schülerinnen und Schüler befördern und unterstützen.[79]

Im Grundschullehrplan für das Unterrichtsfach Sachkunde ist die Beschäftigung mit dem Thema Kinderrechte auf Grundlage der Kinderrechtskonvention für die Klassenstufe 3 und 4 vorgesehen.[80] In den Rahmenlehrplänen der Fächer

---

78 KMK 2008
79 BbgSchulG 2002
80 MBJS et al. 2004

Politische Bildung, Geschichte sowie Lebensgestaltung, Ethik, Religionskunde (LER) findet die Menschenrechtsbildung umfassende Erwähnung. Während im Bereich der Politischen Bildung dabei insbesondere die Beschäftigung mit den Themenfeldern Demokratie, Menschenrechte sowie Frieden auf Grundlage der Menschen- und des Kinderrechtsvertrages erfolgen, widmet sich der Geschichtsunterricht verwandten Themen im historischen Kontext und beleuchtet u. a. die Entwicklung der Menschen- und Bürgerrechte in Europa und den USA. Im Fach LER werden die ethischen Dimensionen in Bezug auf Recht, Moral und Menschenrechte erörtert und behandelt.[81]

Auch Brandenburg beteiligte sich mit zwölf Schulen am Modellversuch „Demokratie lernen und leben"[82] und hat in diesem Rahmen gemeinsam mit dem Landesinstitut für Schule und Medien Berlin-Brandenburg (LISUM) demokratiepädagogische Beraterinnen und Berater für das gesamte Bundesgebiet ausgebildet. Daneben wird an zwölf Schulen in Brandenburg das deutsch-amerikanische Demokratiepädagogikprojekt „Hands across the campus" in Kooperation mit dem LISUM und dem American Jewish Committee durchgeführt. In vier weiteren Grundschulen wird mit „Hands for kids" ein Modellversuch durchgeführt, der explizit Unterrichtseinheiten zu den Kinder- und Menschenrechten beinhaltet. Gleichzeitig wurden Projekte und Vorhaben zum Thema Menschenrechtserziehung in Schule von Seiten des Landes initiiert und unterstützt. In diesem Zusammenhang kam auch „Ein Koffer voller Kinderrechte" an Brandenburgischen Schulen zum Einsatz.[83]

4.9 Berlin

Das Berliner Schulgesetz sieht die Ausbildung von Menschen vor, die auf der Grundlage von Demokratie, Frieden und Menschenwürde für die Gleichberechtigung aller und für die friedliche Völkerverständigung eintreten. Respektvoll, gewaltfrei und gleichberechtigt sollen verschiedene Kulturen kennengelernt und anderen Menschen vorurteilsfrei begegnet werden. Mit einem „Höchstmaß" an Beteiligung sollen die Schülerinnen und Schüler ihren Bildungsweg in diesem Prozess eigenständig gestalten können.[84]

Menschenrechtsbildung und die Auseinandersetzung mit der Konvention über die Rechte des Kindes sind in den Rahmenlehrplänen des Landes Berlin für die Unterrichtsfächer Sachunterricht, Politische Bildung, Sozialkunde, Geschichte und Ethik umfassend verankert. Von der Grundschule bis zum Abitur

---

81 KMK 2008
82 BLK 2002
83 Jungkamp 2012, KMK 2008
84 SchulG 2004

ist so mit unterschiedlichen Anteilen in der Gesamtstundentafel eine wiederkehrende Behandlung des Themas gesichert. Im Zentrum steht dabei, dass die Schülerinnen und Schüler in die Lage versetzt werden, die Geschichte der Menschenrechte wiedergeben, Bezüge von Menschenrechten zum deutschen Grundgesetz und zu Frauen- und Kinderrechten herstellen zu können, über mögliche Schwierigkeiten und deren Ursachen bei der Realisierung selbiger informiert zu werden sowie Wissen um Menschenrechtsverletzungen und Kompetenzen im Engagement für die Menschenrechte zu erwerben. Gelingen soll dies durch die Thematisierung von Demokratieprozessen in Schule und Kommune, der Auseinandersetzung mit Medien, dem Kennenlernen der Kinderrechtskonvention und entsprechender Organisationen, mittels Friedenerziehung sowie der Beschäftigung mit Migration, Globalisierung, Menschenbildern, Diskriminierung und Toleranz. Den Lehrkräften ist neben anderen Hinweisen u. a. das Material „Kompass – Ein Handbuch zur Menschenrechtsbildung für die Schule und außerschulische Bildungsarbeit“ vom Senat zum Einsatz im Unterricht empfohlen worden.

Bei der Umsetzung ihrer Ziele zur Menschenrechtsbildung können die Lehrkräfte auf die Unterstützung außerschulischer Partner zurückgreifen, die in diesem Bereich mit dem Berliner Senat kooperieren. Dazu gehören u. a. das Deutsche Institut für Menschenrechte, der Deutsche Entwicklungsdienst, der Weltfriedensdienst und die Landeszentrale für politische Bildung.[85]

4.10 Hessen

Der Bildungsauftrag des Hessischen Schulgesetzes beruht auf der humanistischen und christlichen Tradition. Er soll helfen junge Menschen auf Grundlage der Verfassung des Landes Hessens und des Grundgesetzes der Bundesrepublik Deutschland zu bilden. Insbesondere sollen sie dabei erfahren, wie Grundrechte für sie selber aber auch für andere wirksam werden und dass das gemeinsame Zusammenleben vor dem Hintergrund von Toleranz, Gerechtigkeit und Solidarität erfolgen kann. Zudem geht es darum für das friedliche Miteinander von Menschen unterschiedlicher Herkunft, Religion und Kultur einzutreten. Die Schülerinnen und Schüler sollen z. B. befähigt werden, ihr eigenes Handeln nachhaltig reflektieren und abschätzen zu können, Konflikte friedlich zu lösen und Informationen kritisch zu nutzen.[86]

In den Hessischen Rahmenlehrplänen finden sich die Menschen- und Kinderrechte wieder. So beschäftigen sich Kinder in den Jahrgangsstufen 3 oder 4 in der Grundschule mit dem Leben von Kindern in unterschiedlichen Ländern

---

85 KMK 2008, MBJS et al. 2004

86 HSchG 2005

und Kulturen, aber auch aus historischer Perspektive. Dadurch soll die Einstellung zur Toleranz bei Unterschieden und das Verständnis für gleiche Rechte erzeugt werden. Im Fach Politik und Wirtschaft der Klassenstufe 8 werden Menschenrechte im Zusammenhang mit der Friedenssicherung beleuchtet. Menschenwürde, Gerechtigkeit und Freiheit spielen im Ethikunterricht ebenso eine Rolle wie die Frage „Wozu brauchen wir Menschenrechte?". Und auch im Englischunterricht unter dem Titel „Human Rights" sowie in Latein zur Entstehung der Menschenrechte werden diese thematisiert.

Zur Umsetzung der Menschenrechtsbildung unternahm das Bundesland Hessen verschiedene Initiativen zur Gewaltprävention, beteiligte sich am BLK-Modellversuch „Demokratie lernen und leben", bot Lehrerfortbildungen zum Thema an und verteilt an jede Schülerin und jeden Schüler der neunten Jahrgangsstufe neben dem Grundgesetz und der Landesverfassung auch die Allgemeine Erklärung der Menschenrechte. Unterstützung können die Lehrkräfte u. a. bei der Jugendbegegnungsstätte Anne Frank e. V., dem Fritz-Bauer-Institut oder dem Bildungsnetzwerk Marburg erhalten.[87]

4.11 Thüringen

Die Verfassung des Landes Thüringen beschreibt als Erziehungs- und Bildungsziel u. a. den Respekt vor der Menschenwürde und die Toleranz gegenüber anderen Religionen und Weltanschauungen. Sie stellt dabei auf ein friedliches Zusammenleben der Völker und Kulturen ab.[88] Präzisiert und ausführlicher dargelegt werden diese Anforderungen im Thüringer Schulgesetz. Dort ist neben dem Verweis auf das deutsche Grundgesetz und die Thüringer Landesverfassung ausgeführt, dass die Schülerinnen und Schüler erzogen werden, um Verantwortung für die Gemeinschaft übernehmen zu können, um den kritischen Umgang mit Medien und Informationen zu gewährleisten, um im Sinne der Solidarität und Gerechtigkeit auf der Grundlage des Humanismus und der christlichen Nächstenliebe zusammen zu leben und sich füreinander einzusetzen.[89]

Menschenrechte sind im Thüringischen Rahmenlehrplan verankert. So beschäftigen sich die Kinder bereits in den Jahrgangsstufen drei und vier im Rahmen des Ethikunterrichts mit dem Komplex „Rechte und Pflichten von Kindern in übergeordneten Zusammenhängen" z. B. anhand der Charta der Vereinten Nationen. Eine explizite Erwähnung der Konvention über die Rechte des Kindes findet sich allerdings weder an dieser noch an anderer Stelle im Curricula des Landes Thüringen. In Klasse 10 im Fach Sozialkunde werden Menschenrechte

---

87 KMK 2008

88 VdFT 1993

89 ThürSchulG 1993

in Bezug zur Freiheit gesetzt und in Klasse 12 zu den Defiziten des politischen Systems der DDR sowie zu Strukturprinzipien und Problemen moderner Demokratien. Im Deutschunterricht der Grundschule geht es um die Lebenslagen von Kindern in unterschiedlichen Teilen der Welt.

Handreichungen oder empfohlene Lehrbücher zur Menschenrechtsbildung oder Beschäftigung mit dem Thema Kinderrechte gibt es in Thüringen nicht. Auch nach dem Beschluss der Kultusministerkonferenz vom 14. Dezember 2000 wurde kein weiterer Handlungsbedarf erkannt. Vielmehr wird davon ausgegangen, dass diese Themen implizit Bestandteil des Rahmenlehrplans und des Unterrichts sind.[90]

Projekte in diesem Kontext sind insbesondere demokratieorientiert. So hat auch Thüringen am BLK-Programm „Demokratie lernen und leben“ teilgenommen und ein eigenes Förderprogramm „Demokratisch handeln“ initiiert.[91] Die Landeszentrale für politische Bildung, die Europäische Jugendbildungs- und Jugendbegegnungsstätte Weimar sowie die Thüringer Berater/ -innen für Demokratiepädagogik stehen den Lehrkräften des Landes neben anderen als außerschulische Kooperationspartner bei der Umsetzung zur Verfügung.[92]

4.12 Sachsen

Sächsische Schülerinnen und Schüler sollen gemäß Schulgesetz des Landes vor dem Hintergrund der Werte der europäischen und christlichen Kultur, zu sozialem Handeln und einer freiheitlich demokratischen Haltung erzogen werden.[93] Im Unterricht findet Menschenrechtsbildung lediglich indirekt statt. Ziel ist es dabei die Schülerschaft zu einem selbständigen kritischen Urteil und zu eigenverantwortlichem Handeln zu erziehen. Toleranz, Achtung der Menschenwürde, friedliche Völkerverständigung sowie interkulturelle Erziehung sollen dafür eine Grundlage schaffen. Menschenrechtsbildung soll sich dabei nicht nur im Rahmen des Unterrichts sondern auch durch die Schulkultur und die gemeinsame Arbeit am Schulprogramm vermitteln. Unterstützung dafür gibt es u. a. von Seiten der RAA Hoyerswerda. Eine konkrete Verankerung von Kinder- und/ oder Menschenrechten in den Rahmenlehrplänen des Landes Sachsen ist nicht gegeben.[94]

90 KMK 2008
91 BLK 2002, DH 2012
92 KMK 2008
93 SchulG SN 2004
94 KMK 2008

4.13 Rheinland-Pfalz

In Rheinland-Pfalz sieht das Schulgesetz die Erziehung der Schülerinnen und Schüler zum friedlichen Miteinander, zur Verantwortungsübernahme im sozialen sowie freiheitlich demokratischen Rechtsstaat und zur Bildung eines selbständigen Urteils vor. Die Gleichberechtigung der Geschlechter, die Gleichstellung von Menschen mit und ohne Behinderung sowie der Respekt vor anderen Überzeugungen sollen eine Grundlage dafür bilden.[95] In diesem Sinn hat die Menschenrechtsbildung auch Eingang in die Rahmenlehrpläne gefunden. Im Unterrichtsfach Geschichte der Klassenstufe 8 stehen so z. B. „Menschenrechte – Gleiches Recht für alle" oder „Ideologisierung von Weltherrschaftsanspruch: Menschenrechte" auf dem Stundenplan. Um die Verletzung von Menschenrechten geht es u. a. im Sozialkundeunterricht der Klassenstufe 10. Ebenfalls im Unterrichtsfach Sozialkunde wird in der Sekundarstufe II die Universalität der Menschenrechte thematisiert. Kinderrechte finden explizite Erwähnung im Bereich des fachübergreifenden Unterrichts der Fächer Erdkunde, Geschichte und Sozialkunde der Sekundarstufe I. Frauenrechte werden dann ebenso im fachübergreifenden Unterricht der Abiturstufe thematisiert. Die Gesellschaftslehre in den Jahrgangsstufen 7 und 8 beschäftigt sich mit den unterschiedlichen Lebenslagen von Kindern auf unserer Welt. Insbesondere Kinderarbeit, Kinder in Not und Kinderschutz werden in diesem Rahmen behandelt. Bereits in den Klassenstufen fünf und sechs geht es im evangelischen Religionsunterricht um die „Gerechtigkeit für die Kinder der Welt". U. a. dafür empfiehlt das Pädagogische Zentrum Rheinland-Pfalz „Kinder der Welt" als Handreichung zum Rahmenlehrplan.[96] Zusätzlich zum regulären Unterricht fand die Thematisierung von Menschenrechtsaspekten an 15 Schulen in Rheinland-Pfalz im Rahmen des BLK-Modellversuchs „Demokratie lernen und leben" statt.[97] Daneben gibt es neun weitere UNESCO-Projektschulen, die die Menschenrechtsbildung im Schulprofil verankert haben und sich vertieft mit dem Thema auseinandersetzen. Punktuell gibt es Kooperationen zu einzelnen Veranstaltungen oder Thementagen z. B. mit Amnesty International oder dem Deutschen Richterbund.[98]

4.14 Saarland

Das Schulordnungsgesetz des Saarlandes gibt den Lehrkräften den Auftrag Schülerinnen und Schüler zur Mitwirkung im freiheitlich demokratischen Ge-

95 SchulG RP 2004
96 KMK 2008
97 BLK 2002
98 KMK 2008

meinwesen und zur gewaltfreien Völkerverständigung zu erziehen. Es gilt die Selbstbestimmung der Kinder zu fördern, ethische Werte anzuerkennen und die Überzeugungen anderer zu achten.[99] Um diesem Ansatz gerecht zu werden, befassen sich Saarländische Kinder laut Rahmenlehrplan in den Fächern Sozialkunde, Politik, Geschichte, im Religions- und im Geschichtsunterricht in unterschiedlichen Zusammenhängen mit Fragen der Menschenrechte. So werden in der achten Klasse Hilfsorganisationen kennen gelernt, die sich für die Wahrung und Einhaltung der Menschenrechte einsetzen und in Klasse 10 wird anhand der Herausforderung zum Frieden die Achtung der Menschenrechte behandelt. Die besondere Stellung des Kindes wird den Schülerinnen und Schülern dabei jedoch nicht vermittelt. Darüber hinaus beteiligen sich elf saarländische Schulen am Projekt „Schulen ohne Rassismus – Schulen mit Courage", welches durch die Landeszentrale für politische Bildung begleitet wird. Außerschulische Kooperationspartner finden sich auch im Landesjugendring, dem Adolf-Bender-Zentrum oder dem Landesinstitut für Pädagogik und Medien.[100]

4.15 Baden-Württemberg

Der Erziehungs- und Bildungsauftrag des Landes Baden-Württemberg lässt sich aus dem Grundgesetz und der Landesverfassung ableiten. Davon ausgehend sollen die Schülerinnen und Schüler zu Humanismus und Gewaltverzicht, Eigenverantwortung sowie Achtung der Menschenwürde und der Einstellungen anderer erzogen werden.[101]

Bereits in der zweiten Jahrgangsstufe lernen Kinder in Baden-Württemberg im Fächerverbund Mensch, Natur und Kultur unter dem Fokus „Kinder dieser Welt" ihre eigenen sowie Rechte anderer kennen und respektieren. Später in der Klassenstufe 9 des Ethikunterrichts an der Hauptschule behandeln die Schülerinnen und Schüler Werte und Normen. Ziel ist es dabei „zentrale Aspekte der Humanität wie Gerechtigkeit, Nächstenliebe, Personalität, Menschenwürde, insbesondere Toleranz gegenüber dem anderen Geschlecht, der anderen ethnischen Herkunft, dem anderen Glauben, der Homosexualität sowie gegenüber Behinderten, Alten und Kranken" kennen zu lernen. Vertieft wird dies im Fachverbund Welt-Zeit-Gesellschaft ebenfalls in der neunten sowie in der zehnten Klasse der Hauptschule. Auch in der 10. Jahrgangsstufe der Realschule lernen die Kinder sich „demokratisch, tolerant und ethisch verantwortlich in einer zusammenwachsenden Welt" zu verhalten. Implizit lassen sich in diesen Themenfeldern Ansätze zur Behandlung der Menschenrechte wiederfinden. Explizit veran-

99 SchoG 1996
100 KMK 2008
101 SchG 1983

kert ist die Thematisierung in Klasse 12 des Gymnasiums. Im Ethikunterricht stehen dann konkret die Menschenrechte auf dem Stundenplan. Aber auch im Unterrichtsfach Geschichte in Klasse 10 und 12 am Gymnasium und im Fach Gemeinschaftskunde ebenfalls Jahrgangsstufe 10 und 12 lassen sich die Entwicklung der Menschenrechte sowie die aktive Menschenrechtspolitik im Rahmenlehrplan wiederfinden. Für die Behandlung und Umsetzung der Themen im Unterricht besteht die Möglichkeit für Lehrerinnen und Lehrer mit dem Entwicklungspädagogischen Informationszentrum Reutlingen, Terre des hommes, Brot für die Welt oder auch dem Institut für Friedenspädagogik in Tübingen zu kooperieren.[102]

4.16 Bayern

Zu den obersten Bildungszielen des Landes Bayern gehören die „Ehrfurcht vor Gott" und die „Achtung religiöser Überzeugungen", aber auch die Gleichberechtigung der Geschlechter, die Entwicklung des Verantwortungsgefühls und die Völkerversöhnung. Schülerinnen und Schüler sollen zu eigenverantwortlichem Handeln befähigt, zum Respekt vor anderen Menschen, zu Toleranz und friedlicher Gesinnung erzogen werden.[103] Laut Auskunft des Bayerischen Staatsministeriums für Unterricht und Kultur gegenüber der Kultusministerkonferenz in einer Umfrage zur Menschenrechtsbildung in der Bundesrepublik Deutschland gehört die „Menschenrechtserziehung zu den fundamentalen Aufgaben der pädagogischen Arbeit an den bayerischen Realschulen". Aber auch darüber hinaus lassen sich in den Rahmenlehrplänen des Landes für die verschiedenen Schultypen unterschiedliche Anknüpfungspunkte für das Thema Menschenrechte finden. Diese sind z. B. im Unterricht der Fächer Geschichte, Erdkunde, Sozialkunde, Wirtschaftskunde, aber auch im Ethik- und den Religionsunterrichten verankert. Die Vermittlung von Kinderrechten findet in den bayerischen Rahmenlehrplänen keine Erwähnung.

Ziel der Menschenrechtserziehung ist es u. a., dass sich die Schülerinnen und Schüler „tolerant für die Menschenrechte und die Würde des Menschen einsetzen, sie als oberste Priorität zu schätzen und schützen zu lernen." Dabei kooperieren bayerische Schulen mit der Akademie für politische Bildung in Tutzing, der Bayerischen Landeszentrale für politische Bildung, Terre des hommes und Amnesty international.[104]

---

102 KMK 2008

103 BayEUG 2000

104 KMK 2008

4.17 Übersicht

Verankerung von Kinderrechten in den Lehrplänen der deutschen Bundesländer

Kinderrechte in Lehrplänen verankert	Kinderrechte nicht in Lehrplänen verankert
Baden-Württemberg	Bayern
Berlin	Bremen
Brandenburg	Mecklenburg-Vorpommern
Hamburg	Niedersachsen
Hessen	Saarland
Nordrhein-Westfalen	Sachsen
Rheinland-Pfalz	Schleswig-Holstein
Sachsen-Anhalt	Thüringen

Im gemeinsamen Rahmenlehrplan der Länder Berlin, Brandenburg und Mecklenburg-Vorpommern für den Sachkundeunterricht in der Grundschule sind die Kinderrechte verankert. Jedoch findet dieser Lehrplan für das Land Mecklenburg-Vorpommern derzeit keine Anwendung.[105]

105 MBJS et al. 2004

5 Qualifizierung für die Kinderrechtsvermittlung

Die Konvention über die Rechte des Kindes wurde von der Vollversammlung der Vereinten Nationen am 20. November 1989 in New York angenommen und damit für den Ratifizierungsprozess freigegeben. Bis heute sind 193 Staaten dem Vertrag beigetreten.[106] Gleichzeitig lag der Altersdurchschnitt der in Deutschland unterrichtenden Lehrkräfte im Schuljahr 2005/2006 bei 48 Jahren.[107] Laut einer Studie der Gewerkschaft für Erziehung und Wissenschaft gehören die deutschen Lehrkräfte zu den ältesten in Europa. Dies geht einher mit einem Mangel an Innovation und Kreativität. Neue Lehr- und Lernmethoden kommen nicht zum Einsatz.[108] Festzustellen ist in diesem Zusammenhang auch, dass circa die Hälfte der heute unterrichtenden Lehrerinnen und Lehrer ihr Lehramtsstudium in der Zeit vor der Annahme der Kinderrechtskonvention durch die Vereinten Nationen beendet hat und somit ohne entsprechende Kenntnisse in den Schuldienst eingetreten ist. Geht man davon aus, dass es nach dem 20. November 1989 mehrere Jahre gedauert hat bis die Konvention über die Rechte des Kindes möglicherweise Teil des Ausbildungsinhaltes für zukünftige Lehrkräfte geworden ist, kann man festhalten, dass eine große Mehrheit der heute tätigen Pädagoginnen und Pädagogen an deutschen Schulen in ihrer Berufsausbildung nicht mit diesem Thema befasst war. Sollen Lehrerinnen und Lehrer jedoch, wie von der Kultusministerkonferenz am 3. März 2006 beschlossen, Themen wie Menschenwürde, Toleranz und Freiheit in Bezug auf die Kinderrechtskonvention qualitativ und nachhaltig vermitteln, reicht es nicht aus auf Materialien des Deutschen Instituts für Menschenrechte oder der Bundeszentrale für politische Bildung zu verweisen.[109] Notwendig erscheint es vielmehr Lehrkräfte im großen Umfang mit Kinderrechten vertraut zu machen, ihnen Materialien und Methoden an die Hand zu geben und sie entsprechend berufsbegleitend zu qualifizieren.

Im Rahmen dieser Untersuchung wurde im Januar 2012 geprüft, ob und in welcher Art es Fort- sowie Weiterbildungsmöglichkeiten für Lehrkräfte und anderes pädagogisches Personal in der Bundesrepublik Deutschland gibt. Zur Erhebung der dafür notwendigen Daten wurde eine umfangreiche Online-Recherche bei Anbietern für Lehrkräftefort- und -weiterbildung im gesamten Bundesgebiet durchgeführt. Dabei ging es insbesondere um Angebote, die ex-

106 UNTC 2012
107 Destatis 2006
108 GEW 2009
109 KMK 2006

plizit die Rechte der Kinder im Sinne der Kinderrechtskonvention thematisieren. Ziel des Artikels 42 der Konvention über die Rechte des Kindes ist schließlich, die Bekanntmachung der Inhalte dieser Konvention. Vor diesem Hintergrund wurden Angebote, die zwar annehmen ließen, dass sie implizit auch vereinzelt Rechte der Kinder mit bearbeiten, unbeachtet gelassen und auf die Angebote orientiert, die konkret zu Kinderrechten offeriert wurden.

Bei der Auswahl der abgefragten Einrichtungen erfolgte eine Konzentration auf die Datenbank des Deutschen Vereins zur Förderung der Lehrerinnen- und Lehrerfortbildung e. V.[110] Darüber hinaus wurde auch bei anderen Anbietern von Fort- und Weiterbildung recherchiert. Dabei reicht das Spektrum von den Landesverbänden der Volkshochschulen, über die staatlichen Lehrerfortbildungseinrichtungen der einzelnen Bundesländer bis hin zu freien Bildungsträgern. Bei der Recherche wurde darauf geachtet, dass die Einrichtungen Kurse für Lehrkräfte und/ oder anderes pädagogisches Personal anbieten, über eigene Fachkräfte verfügen oder mit anderen qualifizierten Stellen kooperieren und in einem thematischen Umfeld agieren, in dem sich auch die Befassung mit der Kinderrechtskonvention anbietet. Insgesamt wurden Angebote von 81 Anbietern geprüft. Alle Online-Angebote der recherchierten Anbieter verfügen über eine Suchfunktion für den Gesamtinhalt ihres Online-Auftritts bzw. über eine gesonderte Suchmöglichkeit innerhalb des Angebotskatalogs. Beide Varianten wurden mit den Begriffen „Kind“, „Recht“, „Kinderrechte“ und „Konvention“ genutzt, um Daten für die Angebotsrecherche zu generieren. Sofern die Begriffe Fundstellen auswiesen, wurden diese auf ihren Inhalt untersucht. Denn allein eine Fundstelle die den Begriff „Kind“ oder „Recht“ enthielt, musste nicht zwangsläufig zu einem Angebot führen, dass dem Themenkreis der Kinderrechte zuzuordnen war. Die Chance war groß, dass diese Suchbegriffe zu Treffern führten, die Rechtsfragen in Bezug auf Kinder behandelten. So gab es Treffer zum Vormundschaftsrecht, zu Adoptionsfragen, Rechtsanspruch auf einen Platz in der Kindertagesstätte usw. Auch in diesen Seminaren besteht natürlich die Möglichkeit, dass Kinderrechte im Sinne der Konvention thematisiert und behandelt werden. Es ließ sich jedoch eindeutig feststellen, dass es sich nicht um Fortbildungsmaßnahmen im Sinne der Menschenrechtsbildung auf Grundlage der Kinderrechtskonvention handelte.

In einem weiteren Schritt wurden alle zuvor online recherchierten Anbieter in einem schriftlichen Verfahren gebeten Auskunft darüber zu geben, ob sie in der Vergangenheit bzw. aktuell Angebote zum Thema Kinderrechte für Lehrkräfte und/ oder pädagogisches Personal im Rahmen ihrer Fort- und Weiterbildung führen. Mit diesem Schritt wurde abgesichert, dass mögliches fehlerhaftes

110 DVLFB 2006

Suchen in den Datenbanken und Online-Katalogen zu verzerrenden Ergebnissen führt. Darüber hinaus und unabhängig von der Beantwortung der vorhergehenden Abfrage bestand Interesse zu erfahren, ob sie planen ein solches Angebot für die Zukunft in ihren Katalog aufzunehmen. Von 36 Anbietern erhielt der Autor Antwort auf seine Nachfrage. Dies entspricht einer Rückmeldequote von 44 Prozent. In 22 Fällen wurde bestätigt, dass die Recherche korrekt erfolgte und keine Angebote zum Themenkreis Kinderrechte und der diesbezüglichen Konvention durchgeführt wurden bzw. geplant werden. Aus sechs Antworten konnten weitere konkrete Hinweise auf entsprechende Maßnahmen entnommen werden. Die übrigen Antworten blieben auch auf spezifizierte Nachfrage nicht eindeutig oder nicht zielführend.

Einige wenige Antworten enthielten Hinweise darauf, dass Kinderrechte zwar nicht konkreter Gegenstand der Fortbildung sind, im Kontext aber dennoch mit angesprochen werden. So wurde von Seiten des Gestalt Institutes Hamburg darauf hingewiesen, dass ihre Angebote „implizit" die Rechte von Kindern thematisieren. Auch das Landesinstitut für Lehrerbildung und Schulentwicklung Hamburg merkte an, dass Kinderrechte „integraler" Bestandteil ihrer Weiterbildungskurse sind, die sich u. a. mit Extremismusprävention und demokratischer Schulentwicklung beschäftigen.

Im Ergebnis ist festzustellen, dass von den 81 abgefragten Anbietern von Fort- und Weiterbildungsangeboten für Lehrerinnen und Lehrer lediglich 22 Einrichtungen Angebote mit einem Bezug zum Thema Kinderrechte bereits durchgeführt haben oder aktuell im Angebot führen. Dies entspricht 27 Prozent der abgefragten Anbieter. 59 Bildungsträger haben weder in der Vergangenheit noch aktuell oder für die Zukunft geplant, Maßnahmen in diesem Kontext durchgeführt oder anzubieten. Mit 73 Prozent ist dies eine deutliche Mehrzahl der Einrichtungen.

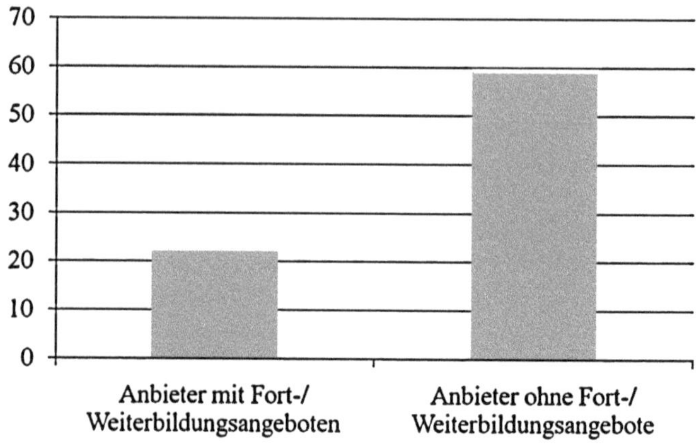

Grafik 1: Anbieter mit und ohne Fort-/ Weiterbildungsangeboten zum Thema Kinderrechte in absoluten Zahlen

Auf die 22 Anbieter entsprechender Kinderrechte-Fortbildungen entfallen insgesamt 57 Maßnahmen. Diese werden jedoch nicht allein für das Jahr 2012 geführt. Bei einem großen Teil der Anbieter war die Suchfunktion auch für in der Vergangenheit stattgefundene Veranstaltungen möglich. Damit reduziert sich das aktuelle Angebot weiter.

Auch innerhalb der Gruppe der Anbieter von Fortbildungen im Bereich Kinderrechte variiert das Ergebnis stark. So entfallen allein 21 der 57 Veranstaltungen auf den Anbieter Institut für Qualitätsentwicklung Hessen. Damit werden allein 37 Prozent der recherchierten Angebote durch diese Einrichtung offeriert. Als Agentur für Evaluation ist das IQ Hessen beauftragt, im gesamten Bundesland Abläufe im Bildungswesen zu unterstützen und Strukturen, die die Freiheit und Eigenverantwortung der Schulen befördern aufzubauen. Geleistet wird diese Arbeit von delegierten Lehrkräften, ehemaligen Schulleitungen, Mitarbeiterinnen und Mitarbeitern der Kultusverwaltung und aus dem wissenschaftlichen Bereich. In diesem Rahmen bietet das Institut für Qualitätsentwicklung auch Fachtagungen an und führt Modellprojekte durch.[111] Das Landesinstitut für Lehrerbildung und Schulentwicklung Hamburg sowie der Bildungsserver Rheinland-Pfalz haben je sechs Fortbildungsangebote im Programm. Beide Anbieter verfügen damit über je 10,5 Prozent der recherchierten Angebote. Insgesamt werden damit 58 Prozent der Fort- und Weiterbildung zum Thema Kinderrechte von drei Anbietern offeriert. Das Deutsche Institut für Menschenrechte und Fortbildung in Bayerischen Schulen konnten je drei Angebote ausweisen. Die Akade-

111 IQ Hessen 2011

mie Frankenwarte in Würzburg bietet 2 Veranstaltungen. Die weiteren 16 Angebote für eine Fort- oder Weiterbildung entfallen auf 16 unterschiedliche Bildungsträger im gesamten Bundesgebiet.

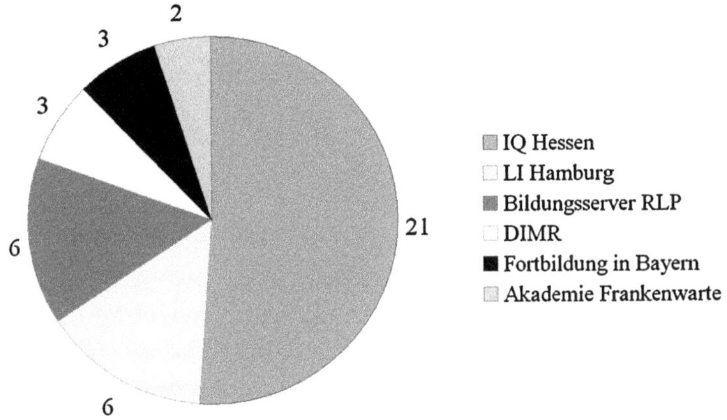

Grafik 2: *Verteilung der Angebote zur Fort-/ Weiterbildung zum Thema Kinderrechte unter den sechs Bildungseinrichtungen mit den meisten Maßnahmen in absoluten Zahlen*

Die Mehrzahl der Angebote finden sich in Hessen (23), Hamburg (7), Rheinland-Pfalz (7) sowie Bayern (7). In Niedersachsen konnten drei Offerten, in Nordrhein-Westfalen, Berlin-Brandenburg und Sachsen jeweils zwei Fortbildungen und in Thüringen, Mecklenburg-Vorpommern und dem Saarland jeweils ein Angebot recherchiert werden.

Die regionale Verteilung der Fortbildungsangebote korrespondiert dabei zu großen Teilen mit der Verankerung von Kinderrechten in den Rahmenlehrplänen. Hessen, Hamburg und Rheinland-Pfalz bieten auf der einen Seite verhältnismäßig viele Angebote für entsprechende Fortbildungen und haben die Kinderrechte in unterschiedlichem Umfang in ihren Curricula festgeschrieben. Auf Bayern trifft dies so nicht zu. Auch umgekehrt kann dieser Schluss gezogen werden. Saarland, Thüringen und Mecklenburg-Vorpommern, die diese Implementierung in den Lehrplänen bisher nicht vollzogen haben, weisen entsprechend sehr wenige Qualifizierungsmaßnahmen aus.

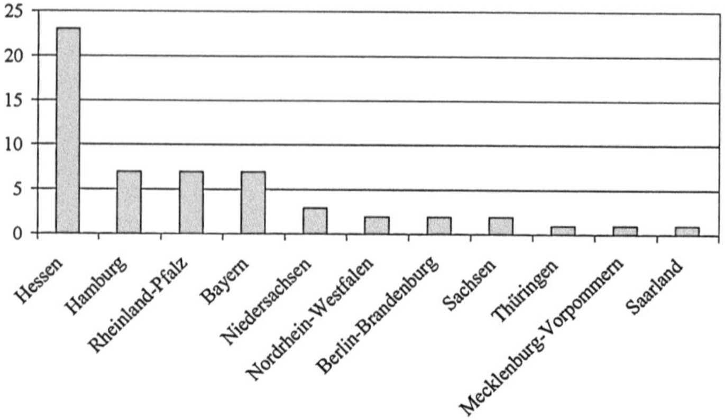

Grafik 3: Verteilung der Angebote zur Fort-/ Weiterbildung zum Thema Kinderrechte nach Bundesländern

In der Mehrzahl der Fälle war es nicht möglich zu erheben, wie viele Teilnehmerinnen und Teilnehmer sich für die Fortbildungskurse hätten anmelden können. Geht man jedoch von durchschnittlich 25 Absolventen eines Angebotes aus und multipliziert dies mit den 57 erhobenen Angeboten entspricht dies einer gesamten Kapazität von 1.425 Plätzen für die gesamte Bundesrepublik Deutschland. Dabei darf jedoch nicht außer Acht gelassen werden, dass die recherchierten Angebote in verschiedenen Jahren beworben wurden. Auch ist aus der Recherche nicht bekannt, wie viele dieser Angebote tatsächlich realisiert und nicht z. B. auf Grund mangelnder Anmeldungen abgesagt wurden. Setzt man diese Kapazität ins Verhältnis zu einer Gesamtanzahl von 672.989 Lehrkräften im Jahr 2010[112] wird sehr deutlich, dass allein das quantitative Angebot unzureichend ist.

Neben der quantitativen Erhebung und Bewertung des Fort- und Weiterbildungsangebotes erscheint es sinnvoll, sich auch weitergehend mit den Inhalten sowie der qualitativen Ausrichtung der Module auseinanderzusetzen. Ziel der angebotenen Maßnahmen sollte es sein, den Teilnehmerinnen und Teilnehmern nachhaltig zusätzliches und zur Anwendung geeignetes Wissen zu vermitteln. Dabei sollten neben den formalen Kenntnissen über die Konvention über die Rechte der Kinder sowie den vorhandenen Mechanismen der Vereinten Nationen zur Durchsetzung und Kontrolle selbiger auch praktische Hinweise und Methoden zum Verhalten und zur Anwendung vermittelt werden. Gefördert werden kann dies innerhalb der Maßnahme durch aktivierende und die Teilnehmerinnen

112 Destatis 2011

und Teilnehmer einbeziehende Methoden. Die leitende Person ist dabei gefordert, durch vorher zu benennende Abläufe und Strukturen ausreichend Informationen zu geben, dabei aber gleichzeitig ausreichend Raum für die Lernenden zu lassen, damit diese eigenständig Gedanken, Ideen, Modelle und Methoden entwickeln können, die sie der vereinbarten Zielstellung näher bringen können.

Fort- und Weiterbildungsmaßnahmen zum Themenkreis der Kinderrechte sollten dabei insbesondere vier Zielsetzungen verfolgen. Grundlage jedes Angebotes sollte es sein, die Kinderrechte als solche zu vermitteln und das Wissen über diese zu erweitern bzw. zu vertiefen. Darüber hinaus sollte bei den Teilnehmerinnen und Teilnehmern durch die Maßnahme eine zustimmende Grundeinstellung zu den Rechten der Kinder entwickelt werden. Damit wird die notwendige Grundlage dafür geschaffen, dass Lehrkräfte Kinderrechte im (Unterrichts-) Alltag einbinden, ihr Wissen weitergeben und sich selber auch aktiv für die Durchsetzung der Kinderrechte einsetzen.[113] Die von Rosemarie Portmann formulierten Zielstellungen decken sich inhaltlich mit den bereits vorgestellten Methoden der Menschenrechtsbildung.

Für die Analyse der erhobenen 57 Angebote wurden im Vorhinein vier Kriterien festgelegt, die zur Grundlage für eine Bewertung heranzuziehen waren. In die Betrachtung sind demnach die Dauer des Fortbildungsangebotes, die gewählten Methoden zur Vermittlung der Inhalte seitens des Lehrenden, die Betrachtung des Inhaltes sowie eine Einschätzung unter dem Aspekt der drei Lernfelder der Menschenrechtsbildung eingeflossen. Anhand einer Einschätzung des Fortbildungsangebotes auf Grundlage des Ausschreibungstextes wurde eine Einstufung gemäß dem Lernen über, dem Lernen durch und dem Lernen für Menschenrechte vorgenommen und so versucht, einen Gradmesser für die Tiefe des Fortbildungsangebotes zu erhalten. Für die Betrachtung des Inhaltes wurde eine Einordnung entsprechend der Behandlung von Themen, die sich den Bereichen der Schutzrechte, der Förderrechte bzw. der Beteiligungsrechte zuordnen lassen durchgeführt. Diese orientiert sich an den drei Schwerpunkten der Kinderrechtskonvention. Für die Bewertung der angewandten Methodik war wichtig, ob diese darauf ausgelegt ist, die Teilnehmerinnen und Teilnehmer passiv oder aktiv einzubeziehen. Dabei wurden zu den passiven Methoden Referate, Vorträge, die Vorstellung und Präsentation von Materialien sowie Hospitationen gezählt. Eine Einordnung in die Kategorie der aktiven Methoden wurde bei der Angabe von Arbeitsgruppen, Workshops, Plan- und Rollenspielen, Diskussion und dem Ausprobieren von Materialien vorgenommen. Die Dauer der Maßnahme als Kategorie für die Bewertung erschien hier wichtig, um neben den anderen Daten einen Faktor zu haben, mit dem zusätzlich geprüft werden kann, ob mit den vor-

113 Portmann 2010

gestellten Inhalten und Methoden tatsächlich eine gewisse Tiefe und Vertrautheit zu erreichen ist.

Nachdem diese Kriterien festgelegt waren, wurde begonnen die Ausschreibungen der Angebote daraufhin zu studieren. Dabei wurde festgestellt, dass diese auf Grund ihrer Art und ihres Umfangs der Darstellung nur sehr schwierig und mit viel Interpretationsspielraum in einen zu vergleichen Rahmen gebracht werden können. Deswegen wurde entschieden allein eine Betrachtung der 21 angebotenen Maßnahmen, die über das Institut für Qualitätsentwicklung Hessen generiert wurden, durchzuführen. Diese sind auf Grund einer einheitlichen Darstellung im Ausschreibungsverfahren gut miteinander ins Verhältnis zu setzen. Dennoch reduzierte sich die Anzahl der Angebote von 21 auf 16, da einige Veranstaltungen mehrfach angeboten wurden. Diese in der Betrachtung mehrfach zu gewichten erschien nicht sinnvoll, da in diesem Fall Veranstaltungen, welche doppelt und mehrfach angeboten wurden, die Ergebnisse dominiert und damit verfälscht hätten.

Aus den vorliegenden 16 Datensätzen ist es schwierig, allgemeingültige Ableitungen sowie Schlussfolgerungen bezüglich des Nutzens und der Qualität der Fort- und Weiterbildungsmaßnahmen zu entwickeln. Allein die Anzahl ist weit davon entfernt, eine repräsentative Stichprobe abbilden zu können. Auch die Zuordnung nach inhaltlichen Schwerpunkten und Lernfeldern allein anhand kurzer Ausschreibungstexte erscheinen problematisch. Auch vor dem Hintergrund, dass damit keine Schlussfolgerung aus dem tatsächlichen Verlauf der Veranstaltung und möglicher Verschiebungen und anderer Gewichtungen in der Veranstaltungsdurchführung z. B. durch das Interesse oder Hintergrundwissen der Teilnehmerinnen und Teilnehmer gezogen werden können. Trotz aller Vorsicht bei der Betrachtung der wenigen Daten bilden diese ein Bild, das in sich schlüssig und stimmig erscheint.

Mit 11 von 16 ist die Mehrzahl der Veranstaltungen auf eine Dauer von weniger bis maximal acht Stunden ausgelegt. Sechs dieser 11 Angebote sind lediglich als Halbtagsveranstaltungen veranschlagt. Die kürzeste Veranstaltung ist für einen Zeitraum von neunzig Minuten konzipiert. Darüber hinaus sind drei Angebote für anderthalb und jeweils eine für zwei und zweieinhalb Tage angelegt.

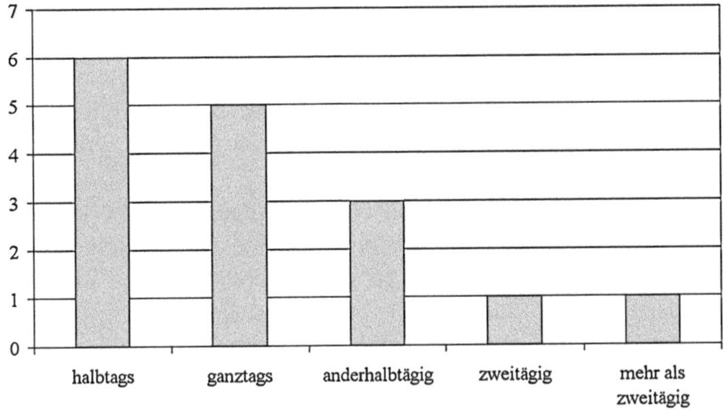

Grafik 4: *Verteilung der Angebote zur Fort-/ Weiterbildung zum Thema Kinderrechte nach Dauer der Maßnahmen in absoluten Zahlen*

Die Mehrheit der Veranstaltungen ist inhaltlich auf den Bereich der Beteiligungsrechte ausgelegt. In 11 von 16 Angeboten werden Fragen der Demokratie und Partizipation behandelt. In acht der Veranstaltungen werden Schutzrechte und in sechs Förderrechte thematisiert. Dabei ist jedoch darauf hin zuweisen, dass sechs Veranstaltungen sich allein mit Beteiligungsrechten und zwei sich ausschließlich mit Schutzrechten befassen. Alle anderen Veranstaltungen behandeln mehrere dieser Bereiche bzw. ließ der Erläuterungstext die Annahme zu, dass alle drei Aspekte der Kinderrechte Inhalt und Gegenstand der Veranstaltung sein werden. Auffällig dabei ist, dass sich keine der Veranstaltungen ausschließlich mit den Förderrechten der Konvention über die Rechte der Kinder befasst und sich lediglich zwei schwerpunktmäßig den Schutzrechten widmen. Beteiligungs- und Partizipationsthemen nehmen einen Vorrang unter den Themen der Fort- und Weiterbildungsveranstaltungen ein.

Festzustellen ist ebenso, dass es einen Zusammenhang zwischen der zeitlichen Dauer des Angebotes und dem Anwenden aktivierender Methoden gibt. Demnach steigt mit der Länge der Veranstaltung auch die Wahrscheinlichkeit, dass diese aktivierende Methoden beinhaltet. Während unter den Angeboten, die auf einen halben Tag angelegt sind, der passive Anteil überwiegt und nur leicht aktive Elemente vorhanden sind, ändert sich dieses Bild bei Betrachtung der ganztägigen und mehrtägigen Veranstaltungen. Während bei den eintägigen Seminaren der passive Anteil noch leicht hinter dem aktiven zurücksteht, wird die Ausprägung zu mehr aktivierenden und beteiligenden Methoden bei den anderthalbtägigen und mehrere Tage dauernden Veranstaltungen sehr deutlich.

Ein sehr ähnlicher Zusammenhang lässt sich zwischen der Dauer der Veranstaltung und der Ansprache der drei Lernebenen der Menschenrechtsbildung erkennen. Während in den kurzzeitigen Angeboten lediglich die erste Ebene (Lernen über Menschenrechte) angesprochen wird, erreichen fast alle der länger angelegten Angebote darüber hinaus auch die beiden weiteren Ebenen des durch und des für Menschenrechte Lernens.

Daraus lässt sich ableiten, dass kurze, halbtägige Angebote lediglich geeignet sind, um Informationen über die Kinderrechte weiter zu geben. Dies geschieht in der Regel mittels Vorträgen. Die Teilnehmerinnen und Teilnehmer werden in diesen Veranstaltungen nicht besonders aktiviert. Umso länger jedoch eine Fort- oder Weiterbildungsveranstaltung konzipiert ist, desto eher werden die Teilnehmenden selber aktiv und erreichen über die Informationsebene hinaus auch die Reflexions- und Selbststärkungsebene. Anzunehmen ist demzufolge, dass Lehrerinnen und Lehrer, die an einer Fort- oder Weiterbildungsmaßnahme zum Thema Kinderrechte teilnehmen, welche mindestens einen ganzen Tag oder länger dauert, eher Anknüpfungspunkte für ihren eigenen Unterricht finden werden und die Rechte der Kinder in ihrem schulischen Alltag einfließen lassen, als Lehrkräfte, die nur für wenige Stunden mit diesem Thema konfrontiert wurden und in diesem Zusammenhang keine Möglichkeit hatten, selber ein Material auszuprobieren bzw. mit ihren Kolleginnen und Kollegen in einer Arbeitsgruppe dazu zu diskutieren.

6 Kinderrechtsbildung aus der Sicht von Expertinnen und Experten

Neben den Erhebungen zur Verankerung von Kinderrechten in den Rahmenlehrplänen der deutschen Bundesländer und der Recherche von Angeboten zur Fort- und Weiterbildung zur Qualifizierung von Lehrkräften für die Vermittlung der Inhalte der Konvention über die Rechte des Kindes, war es wichtig, die aus diesen Daten gewonnenen Erkenntnisse mit den Einschätzungen von Experten in diesem Bereich abzugleichen. Um dies zu realisieren wurde entschieden, einige Interviews mit Personen zu führen, die mit unterschiedlichen Blickwinkeln und Perspektiven die Fragestellung nach der Qualität der Vermittlung von Kinderrechten im deutschen Schulwesen beantworten können. Besonders wichtig war es dabei, von allen Gesprächspartnern Antworten auf fünf Komplexe zu erhalten. Zunächst ging es darum, Einschätzungen zu Verankerung und Rolle von Kinderrechten in Schule in Erfahrung zu bringen. Des Weiteren bestand das Interesse zu ermitteln, ob und wie die Lehrkräfte für die Aufgabe der Vermittlung der Rechte von Kindern qualifiziert und ausgebildet sind. Darüber hinaus bestand der Anspruch zu erheben, welche Bedeutung Angebote der Fort- und Weiterbildung in diesem Zusammenhang einnehmen. Nicht zuletzt sollte in Erfahrung gebracht werden, wie der Bekanntheitsgrad und die Akzeptanz der Konvention über die Rechte des Kindes der Vereinten Nationen eingeschätzt wird und ob die Bundesrepublik Deutschland als Vertragspartei insbesondere den Anforderungen gemäß Artikel 42 nachkommt. Da die Gruppe mit sieben Vertreterinnen und Vertretern verschiedener Institutionen, die interviewt werden sollten recht klein war, erschien es unangemessen und nicht zielführend, ein quantitatives Interview mit einem fest vorgegebenen Leitfaden und geschlossenen Fragen durchzuführen. Stattdessen fiel die Entscheidung auf ein teilstandardisiertes Leitfaden-Interview. Dies eröffnete die Möglichkeit, sich an einem Gesprächsleitfaden zu orientieren, um die Beantwortung der zuvor festgelegten fünf Komplexe nicht aus den Augen zu verlieren. Gleichzeitig eröffnete es gegenüber den Interviewten die Chance, ihre Ansichten und Erfahrungen frei zu äußern, ohne sich anhand vorgegebener Skalen einer möglichen Bewertung für eine vorbestimmte Antwortmöglichkeit entscheiden zu müssen.[114] Ein weiterer Vorteil war, dass innerhalb der fünf Themengebiete, die unterschiedlichen Fragestellungen für die jeweiligen Gesprächspartner formuliert werden konnten. So war es möglich, den Gesprächsleitfaden flexibel zu bearbeiten ohne die Vergleichbarkeit der zu erhebenden Daten aufzugeben.

114 Miethe 2012

Nachdem festgelegt wurde, welche Zielstellung mit den Interviews verfolgt werden sollte und wie diese Daten zu erheben waren, musste entschieden werden, mit welchen Gesprächspartnern dies gelingen kann. Sinnvoll erschien es, eine Person zu treffen, die selber über mehrjährige Erfahrung im Bereich der Fort- und Weiterbildung von Lehrkräften zum Thema Kinderrechte verfügt. Durch die Recherche bezüglich entsprechender Angebote stand der Autor bereits in schriftlichem Kontakt mit Frau Katja Demlan[115], die an einem Landesinstitut für die Bildung von Lehrkräften in einem ostdeutschen Bundesland arbeitet[116]. Nach Erläuterung des Vorhabens und kurzer Darstellung der Zielstellung erklärte sich Frau Demlan bereit, für ein Interview zur Verfügung zu stehen. Dieses wurde am 13. Februar 2012 vormittags in ihrem Büro geführt. Darüber hinaus bestand Interesse, sich mit einem Experten aus der politischen Ebene zu diesen Themen zu verständigen. Da die Verantwortung für die Bildungspolitik in Deutschland bei den Bundesländern liegt, ging eine diesbezügliche Anfrage an den Staatssekretär des Ministeriums für Bildung, Jugend und Sport des Landes Brandenburg. Herr Burkhard Jungkamp zeigte sich aufgeschlossen und stand eine Stunde für dieses Gespräch am 27. Februar 2012 in Potsdam zur Verfügung. Ebenso war es wichtig, die Meinung von Vertretern der National Coalition zu erfahren. Dieser Zusammenschluss verschiedener Institutionen stellt sich seit Jahren der Aufgabe, die Kinderrechte in Deutschland umzusetzen. Mit Holger Hofmann und Dominik Bär vom Deutschen Kinderhilfswerk (DKHW) als einer Mitgliedsorganisation in der National Coalition[117] konnte am 15. Februar 2012 in Berlin dazu ein Interview geführt werden. Das Deutsche Kinderhilfswerk engagiert sich für Mitbestimmungs- und Mitgestaltungsmöglichkeiten von Kindern und unterstützt vor diesem Hintergrund insbesondere Maßnahmen, die dies befördern.[118] Naheliegend und von besonderer Bedeutung erschien es, mit Lehrkräften zu sprechen, die an ihrer Schule Kinderrechte thematisieren, im Unterricht behandeln und möglicherweise auch darüber hinaus z. B. in Projekten den Kindern näher bringen. Über die Internetpräsenz des Bildungsservers der Länder Berlin und Brandenburg konnten die Kontaktdaten von Schulen in Erfahrung gebracht werden, die mit dem Material „Hands for Kids" arbeiten. Zu zwei dieser Schulen wurde telefonisch Kontakt aufgenommen. So war es möglich, mit Herrn Enno Ebbert von der „Fichtelgebirge Grundschule" in Berlin Kreuzberg am 15. Februar 2012 und mit Herrn Peter Ernst von der Grundschule

115 Der Name der interviewten Person wurde geändert.

116 Die Informationen zum Institut sind allgemein gefasst um Rückschlüsse auf die interviewte Person zu unterbinden.

117 NC 2012

118 DKHW 2011

„Am Griebnitzsee“ in Potsdam Babelsberg am 20. Februar 2012 ein Interview zu führen. Die „Fichtelgebirge Grundschule“ in Berlin Kreuzberg ist eine offene Ganztagsschule, in der rund 330 Kinder aus verschiedenen Nationen beschult werden. In den Jahren 2004 bis 2007 nahm die Grundschule am Programm der Bund-Länder-Kommission „Demokratie lernen und leben“ teil. Die Ideen und Inhalte des Programms wirken bis heute nach. So finden wöchentliche Sitzungen des Klassenrates und einmal im Quartal Aushandlungsrunden zwischen Lehrkräften, Eltern sowie Schülerinnen und Schülern statt. Auch der Kooperationspartner der Grundschule FiPP e. V. hat sich den Themen Partizipation und Demokratie verschrieben und verfolgt die Zielstellung der Ermutigung der Kinder, sich für ihre Interessen und Rechte einzusetzen.[119] Des Weiteren schien es sinnvoll, mit einer Jugendeinrichtung Kontakt aufzunehmen, die als Kooperationspartner mit Schulen gemeinsam Projekte zum Thema Kinderrechte realisiert. Die Recherchen empfahlen das Kinder- und Jugendbüro in Berlin Steglitz-Zehlendorf. Frau Hella Schleef erklärte sich nach einer schriftlichen Anfrage bereit, am 20. Februar 2012 das Gespräch zu führen.

6.1 Zur Thematisierung von Kinderrechten in Schule

Mit der Verankerung der Kinderrechte im gemeinsamen Rahmenlehrplan für den Sachkundeunterricht in den Grundschulen Berlins und Brandenburgs wurde die Zielstellung verfolgt, Räume innerhalb des Unterrichts zu eröffnen, in denen Kinder schon frühzeitig die Möglichkeit bekommen, die Grundwerte des demokratischen Zusammenlebens kennenzulernen. Um diesem Willen den entsprechenden Nachdruck zu verleihen, haben sich beide Länder dazu entschieden, die Beschäftigung mit diesem Themenkreis, in dessen Rahmen auch die Unantastbarkeit der Würde des Menschen, die Toleranzerziehung, Fragen von Freiheit und Gleichheit, aber auch der Solidarität als Grundwert der Verfassung, das Recht auf Leben, das Recht auf Bildung, Achtung des Wohl des Kindes sowie den Schutz von Kindern vor Gewaltanwendung und Verwahrlosung als verpflichtenden Unterrichtsgegenstand zu definieren. Dadurch werde laut Jungkamp gesichert, dass jedes brandenburgische Kind im Laufe seiner Schullaufbahn mit den Kinderrechten im Rahmen des Unterrichts in Kontakt komme. In den Klassenstufen fünf und sechs der Grundschule ist das Thema Kinderrechte vorgesehen. Damit dem Thema entsprechende Bedeutung beigemessen wird und ausreichend Zeit zur Behandlung zur Verfügung steht, wurde es als eines von drei Schwerpunktthemen eingeordnet. In seinen Ausführungen betonte Jung-

119 Ebbert et al 2009, Cakmakci et al. 2010

kamp, dass er die Vermittlung dieses wichtigen Themas mit der Methodik des Frontalunterrichts für falsch erachte. Er vertritt die Ansicht, dass Kinderrechtsbildung immer konkret und mit praktischen Bezügen erfolge müsse. Dafür sei es unter anderem notwendig, Kindern frühzeitig Partizipationserfahrungen zu ermöglichen. Neben den notwendigen Selbstwirksamkeitserfahrungen der Kinder berichtete Jungkamp auch davon, dass Lehrerinnen und Lehrer durch die Beschäftigung mit den Rechten der Kinder ihren Blick, ihre Sichtweisen und ihren Umgang mit Kindern veränderten. Auch sie werden durch die Diskussionen im Unterricht beeinflusst und sensibilisiert. Jungkamp sprach davon, dass Lehrende in diesem Fall auch Lernende sind. Vor dem Hintergrund dieser bedeutsamen Praxisrelevanz spricht er sich dafür aus, dass die Bereiche Kinderrechte und Demokratieerziehung Bestandteil aller Unterrichtsfächer und auch der Schulkultur sein müssten. Neben der verpflichtenden Verankerung der Kinderrechte im Rahmenlehrplan verweist er auf die Teilnahme brandenburgischer Schulen an verschiedenen Modellprojekten, wie „Demokratie lernen und leben" der Bund-Länder-Kommission, „Hands for Kids" sowie „Hands across the Campus". 28 Schulen in Brandenburg haben sich an je einem dieser Projekte beteiligt. Darüber hinaus sind mittlerweile 51 brandenburgische Schulen als „Schule ohne Rassismus/ Schule mit Courage" zertifiziert. Dies entspricht einem Anteil von 25 Prozent unter den weiterführenden Schulen. Er betonte, dass die verschiedenen Maßnahmen und Projekte zu einer Veränderung der Schulkultur insgesamt geführt hätten. Heute gäbe es ein höheres Problembewusstsein an Schule, mehr Demokratie in Schule und die Erkenntnis, dass Selbstwirksamkeitserfahrungen der Schülerinnen und Schüler wichtig seien.[120]

Auch in Sachsen-Anhalt sind seit einigen Jahren die Rechte der Kinder in den Rahmenlehrplänen für Grund-, Sekundarschulen und Gymnasien verankert. Menschen- und Kinderrechte sind demnach Bestandteil des Ethik-, Sachkunde und Sozialkundeunterrichts. Laut Demlan werden die Rechte der Kinder dabei in unterschiedlichen Kontexten aufgegriffen und den jungen Menschen vermittelt. Die Interviewte stellte dabei ein verändertes Interesse der Schülerinnen und Schüler im Vergleich zum Mathematikunterricht fest. Ihrer Ansicht nach wird dies durch die offenere Unterrichtsstruktur möglich. Diese sei sehr auf eine diskussionsfördernde Atmosphäre ausgelegt und rege zur Meinungsäußerung an. Auch die Lehrkräfte sind in diesen Gesprächen gefordert und geben etwas von sich Preis.[121]

Berliner Schülerinnen und Schüler lernen Kinderrechte in der Regel in der vierten Klassenstufe kennen. Ebbert hat dabei festgestellt, dass viele Kinder nur

120 Jungkamp 2012
121 Demlan 2012

wenige Vorerfahrungen mit diesem Thema haben und den Kinderrechten zum ersten Mal begegnen. Deswegen versuche er zunächst spielerisch zu erfahren, welche Rechte den Kindern bereits geläufig sind. Ähnlich wie Demlan kann auch er davon berichten, dass die Kinder mit großem Interesse diesen Themenkreis behandeln und sehr offen damit umgehen.[122] Bestätigen kann dies auch Ernst, der dies damit begründet, dass Kinder sehr großes Interesse an Themen entwickeln, die sie berühren, die sie angehen und zu denen sie einen Zugang erhalten.[123] Trotz der positiven Erfahrungen mit der Kinderrechtsbildung im Unterricht weist Ebbert auf die Notwendigkeit hin Lehrkräfte darin zu unterweisen, wie diese Thematik geeignet den Kindern vermittelt werden kann und welche Materialien dafür zur Verfügung stehen. Zusätzlich regt er an, Kinderrechte regelmäßig im Rahmen der Schulkonferenz zu thematisieren und bewusst einzubeziehen.

Neben der formalen Behandlung der Rechte der Kinder im Rahmen des Unterrichts betont Ebbert die Bedeutung der Realisierung und Umsetzung bestimmter Formen der Beteiligung und Einbeziehung der Kinder. Er selber hat z. B. den Klassenrat im Rahmen einer Hospitation kennen gelernt und als Methode auch an seiner Schule eingeführt. Mittlerweile verfügen alle Schulklassen der „Fichtelgebirge Grundschule“ in Berlin Kreuzberg über Morgenkreise oder Klassenräte und Ebbert strebt an, diese Instrumente auch dauerhaft im Schulprogramm zu verankern, um so die Verbindlichkeit auch gegenüber skeptischen Lehrkräften weiter zu erhöhen.[124]

An der Potsdamer Grundschule „Am Griebnitzsee“ wird das Thema Kinderrechte von der ersten Klasse an sukzessive eingebracht und entwickelt. Laut Ernst finden sich die Rechte der Kinder in allen Unterrichtsfächern wieder und wecken das Interesse der Kinder. Diese seien „gefesselt“ von der Thematik. Dies gelingt, da die Vermittlung Bezugspunkte zum eigenen Leben herstellt und ihnen Freude bereitet. Auch außerhalb des Unterrichts finden sich ausreichend Gelegenheiten zur Beschäftigung mit den Rechten der Kinder. So führte die Grundschule bereits mehrfach eine Kinderkonferenz zu unterschiedlichen Themenschwerpunkten durch und veranstaltete einen Spendenlauf. Ernst sieht in der Vermittlung der Rechte der Kinder gegenüber den Schülerinnen und Schülern nicht nur einen Bildungsauftrag. Seiner Meinung nach ist Kinderrechtsbildung auch ein Beitrag zur Persönlichkeits- und Selbstbewusstseinsentwicklung der Kinder. Umso wichtiger ist es ihm, dass Eltern und das Kollegium auch die Ent-

122 Ebbert 2012
123 Ernst 2012
124 Ebbert 2012

scheidung zur Teilnahme am „Hands for Kids"-Projekt im Rahmen der Schulkonferenz unterstützt haben.[125]

Ganz andere Erfahrungen mit der Thematisierung von Kinderrechten in Schule macht hingegen Schleef. Sie begrüßt die Verankerung der Rechte der Kinder im Rahmenlehrplan, denn nur dadurch gelinge es ihrer Meinung nach, dass einige Lehrerinnen und Lehrer dieses Thema auch tatsächlich im Unterricht behandeln. Insbesondere im Ethik- und Lebenskundeunterricht sei dies der Fall. Ihrer Erfahrung nach verfügen die entsprechenden Lehrkräfte auch über Vorwissen. Grundsätzlich jedoch kämen die Kinderrechte in der Schule viel zu kurz. Als besondere Schwierigkeit hebt sie hervor, dass es als außerschulischer Partner und Anbieter von Projekten und Inhalten nicht einfach sei, Zugang zu den Schulen zu bekommen. Festgestellt hat Schleef in ihrer Arbeit, dass dies sich günstiger gestalte, wenn bereits Kontakte zu den Schülervertretungen oder zu Sozialarbeiterinnen und Sozialarbeitern an den Einrichtungen bestehe. Diese wurden in der Regel über andere Projekte und außerschulische Bildungsangebote aufgebaut und gefestigt und erwiesen sich dann als Türöffner. Darüber hinaus ist es nach ihrer Erfahrung leichter, in Grundschulen zu gelangen, als Zugang zu anderen Schulformen zu erhalten. Sehr selten hingegen komme es vor, dass sich Lehrkräfte von sich aus an das Kinder- und Jugendbüro wenden, um Angebote im Bereich der Kinderrechte nachzufragen. Besteht Interesse und ein erster Kontakt, gebe es verschiedene Möglichkeiten, über Kinder und ihre Rechte in der Schule zu informieren. Oft geschehe dies in Workshops, die im Rahmen des Unterrichts stattfinden oder aber mittels verschiedener Projekte. Gleichsam den Erfahrungen der Lehrkräfte Ebbert und Ernst sowie der Fortbildnerin Demlan stellt auch Schleef regelmäßig ein großes Interesse auf Seiten der Kinder an diesem Thema fest. Schwieriger sei es, im Nachgang dieses Interesse wach zu halten und einen gewissen Grad an Nachhaltigkeit zu erzielen. Wichtige Faktoren, damit dies gelingen kann, sind das Interesse, die Motivation und das Engagement der Begleitperson, in diesen Fällen also der Lehrkraft der Kinder. Mehr als einmal jedoch habe Schleef schon festgestellt, dass die Lehrerinnen und Lehrer ihr Angebot der Kinderrechtsbildung im Unterricht dafür nutzen sich für diese Zeit aus der Klasse zurück zu ziehen. Offenbar dienen außerschulische Kooperationspartner für diese Lehrkräfte als Möglichkeit der Entlastung von eigenen Arbeitsaufgaben. Dies hat neben der zuvor beschriebenen verpassten Chance der Nachhaltigkeit ebenso den Effekt, dass Schülerinnen und Schüler wahrnehmen, dass ihre eigene Bezugsperson in der Schule kein Interesse für ihre Belange und Rechte aufbringt. Des Weiteren können Konflikte daraus entstehen, dass Kinder im Nachgang der Thematisierung in bestimmten Situationen auf ihre Rechte

125 Ernst 2012

hinweisen und von der entsprechenden Lehrkraft dafür nicht nur kein Verständnis, sondern Zurücksetzung erfahren können. Daneben hat Schleef aber auch Erfahrungen mit Lehrkräften gemacht, die es von vornherein ablehnten, Projekte oder Workshops in ihren Unterrichtsstunden durchzuführen. Oftmals gaben diese Lehrerinnen und Lehrer an, dass dafür keine Zeit wäre, da der Lehrplan bereits sehr voll sei und dies zu viel Aufwand bedeuten würde. Dieses ablehnende Verhalten der Lehrkräfte beobachtet Schleef jedoch unabhängig von der Thematik Kinderrechte. Ihrer Meinung nach lassen diese Lehrkräfte generell im weitesten Sinne zusätzliche Themen in ihrem Unterricht nicht zu.

Ungeachtet dieser Erfahrungen vertritt Schleef die Auffassung, dass das System Schule in vielen Fällen nicht vereinbar mit den Rechten der Kinder ist. Ihr fehlen die Bezüge zwischen den vermittelten Rechten und dem schulischen Alltag. Wichtig erscheint ihr jedoch gerade zu sein, dass die Kinderrechte gelebt werden müssen. Es kann nicht allein um das „bloße Referieren" gehen. Umso wichtiger ist es, Anknüpfungspunkte zwischen den Rechten der Kinder und deren Lebenswelt herzustellen.

Als positiv nimmt Schleef jedoch das Interesse der Eltern an den Rechten der Kinder wahr. So hat sie die Erfahrung gemacht, dass Eltern von Kindern, die in ihrer Schule die Möglichkeit hatten, auf unterschiedlichste Art und Weise mit den Kinderrechten in Berührung zu kommen, dies oft auch für die Geschwisterkinder auf anderen Schulen einfordern und somit zum Initiator für dieses Thema an anderen Einrichtungen werden können.[126]

Auch die Vertreter des Deutschen Kinderhilfswerks, Bär und Hofmann, werfen einen kritischen Blick auf das Verhältnis von Kinderrechten und Schule. Ähnlich wie Schleef kommen sie zu dem Schluss, dass Kinderrechte in der Schule bisher keine Rolle spielen und ein „schwerer Brocken" für diese sind. Wenn es jedoch zur Thematisierung der Rechte von Kindern im schulischen Kontext kommt, sind nach ihrer Erfahrung externe Kooperationspartner dafür verantwortlich. Gleichsam wie Schleef haben sie die Erfahrung gemacht, dass Lehrerinnen und Lehrer sehr selten von sich aus Anfragen zu diesem Thema stellen. Ist dies der Fall, geht dies in der Regel auf das Einzelinteresse der Lehrkraft und nicht auf ein grundsätzliches Interesse des gesamten Kollegiums zurück. Oft jedoch wurde auch in diesen Fällen vorher von Seiten der Schülerschaft oder aus den Reihen der Eltern Bedarf und Interesse an der Vermittlung und Beschäftigung mit den Rechten der Kinder signalisiert. Dabei kommt der Schule als Vermittlungsraum der Rechte von Kindern diesen gegenüber eine besondere Bedeutung zu. Ihrer Meinung nach ist die Schule ein wichtiger Bereich, um die Bekanntmachung der Kinderrechtskonvention zu erreichen. Bei-

126 Schleef 2012

spielgebend verweisen sie auf eine erfolgreiche Petition im Landtag von Nordrhein-Westfalen, in deren Ergebnis dort die Thematisierung von Kinderrechten in der Schule verpflichtend im Rahmenlehrplan verankert wurde. Dies sei bislang in den wenigsten Bundesländern der Fall, was in ihren Augen unverständlich ist. Ihrer Meinung nach ist die Schule eigentlich ein idealer Ort für das Leben und die Vermittlung von Kinderrechten. Vor diesem Hintergrund setzt sich das Deutsche Kinderhilfswerk dafür ein, dass die Behandlung von Kinderrechten in allen Schulen zum Repertoire gehört. Dabei verweisen sie ebenso darauf, dass geeignete Anknüpfungspunkte zu behandelten Unterrichtsthemen gefunden werden sollten. Kritisch betrachten sie die oftmalige problemorientierte Thematisierung der Rechte von Kindern mit Bezügen zur Dritten Welt. Die Betrachtung der Kinderrechte unter dem alleinigen Blickwinkel der Bedrohung und Gefährdung lehnen sie ab. Vielmehr fordern sie einen Ansatz der Vermittlung von Kinderrechten als „alltägliches Recht“. Zielstellung der Beschäftigung mit dem Thema sollte die Herausbildung eines Rechtsverständnisses bei den Kindern sein. Dafür ist es notwendig, Diskussionen zu führen, Dilemmata-Situationen zu besprechen und Abwägungsprozesse zu verdeutlichen. Ohne die Herstellung von Alltagsbezügen kann nach der Meinung von Bär und Hofmann die Kinderrechtsbildung nicht gelingen.

Darüber hinaus erachten sie es als wichtig, in der Vermittlung der Kinderrechte Kontinuität in der Schullaufbahn zu gewährleisten, da auf Grund des Alters und der Einsichtsfähigkeit der Kinder in den verschiedenen Klassenstufen unterschiedliche Aspekte der Kinderrechte vorgestellt und miteinander besprochen werden können.

Die Erfahrungen von Bär und Hofmann zeigen, dass gelingende Kinderrechtsbildung jungen Menschen bei der Durchsetzung ihrer Interessen helfen kann. Aus diesem Grund erscheint es ihnen auch sinnvoll, frühzeitig mit der Vermittlung der Kinderrechte zu beginnen. Aus der Sicht von Bär und Hofmann ist dies bereits in der Kindertagesstätte möglich. Ihrer Kenntnis nach zeigen sich die Kinder für Diskussionen und Fallbesprechungen offener und unvoreingenommener je jünger sie sind. Mit dem Kinderrechtekoffer bietet das DKHW dafür bereits ein geeignetes Instrument mit verschiedenen Equipments.[127]

6.2 Zu Fort- und Weiterbildungsangeboten für die Kinderrechtebildung

Ausführlich berichtete Demlan im Rahmen des Interviews von den Fort- und Weiterbildungsmaßnahmen, die sie in den vergangenen Jahren für Lehrkräfte in

127 Bär/ Hofmann 2012

ihrem Bundesland angeboten und durchgeführt hat. So wurden in den zurückliegenden vier Jahren durch das Fortbildungsinstitut des Landes berufsbegleitende Weiterbildungskurse zur Menschenrechtsbildung angeboten. Diese hatten einen Gesamtumfang von 200 bis 230 Stunden und wurden durchschnittlich mit 16 Teilnehmerinnen und Teilnehmern durchgeführt. Rund 80 Prozent der Teilnehmenden waren weiblich. Eine bestimmte, vorherrschende Fächerkombination der Lehrkräfte, die sich weiterbilden ließen, war nicht erkennbar. Vielmehr stand das allgemeine Interesse der Lehrerinnen und Lehrer am Thema im Vordergrund, sich für diese Maßnahme zu entscheiden. Einigen wurden jedoch auch von ihren Schulleitungen nahegelegt, sich entsprechend weiter zu qualifizieren, da es nach wie vor einen Mangel an Lehrkräften für das Fach Ethik im Land gibt. Aber auch bei diesen Teilnehmenden stieg im Verlauf des Kurses nach den Angaben von Demlan die Akzeptanz und das Interesse am Thema. Deutlich wird dies unter anderem daran, dass nach Abschluss des Kurses von allen Beteiligten positive Rückmeldungen signalisiert wurden und bei einigen der Teilnehmenden bis heute Interesse am Thema fortbesteht. Dies belegte Demlan durch regelmäßige Kontakte, die sie zu ehemaligen Teilnehmerinnen und Teilnehmern habe. Dadurch sei ihr auch bekannt, dass die vermittelten Inhalte im Unterricht ankommen, implementiert werden und zur Anwendung gelangen. Über die Behandlung im Unterricht hinaus ist bei einigen Schulen, an denen Lehrkräfte aus den benannten Weiterbildungskursen tätig sind, bekannt, dass sie Projekte zur Demokratie in der Schule ins Leben gerufen haben und praktizieren. Die Orientierung darauf fand bereits innerhalb des Kurses statt. Anliegen ist dabei insbesondere, auf die Anwendungsmöglichkeiten im Unterricht hinzuweisen, praktische Beispiele zu geben, Anschaulichkeit zu praktizieren und Diskussionen sowie Auseinandersetzungen zu befördern. Zentrale Themenfelder innerhalb des Weiterbildungsgangs stellen die Beschäftigung mit dem Komplex Gerechtigkeit, die Auseinandersetzung mit philosophischen Grundlagen, das Anwenden von Dilemmata-Situationen sowie deren Diskussion und die Auseinandersetzung mit der Entwicklung eines Moral- und Gerechtigkeitsempfindens bei den Schülerinnen und Schülern dar. Der Baustein Kinderrechte in diesem Kurs umfasst 16 Stunden und stellt damit einen Anteil von sieben bis acht Prozent am Gesamtumfang des Kurses dar. Den relativ geringen Anteil begründete Demlan mit einem sehr vollen Programm des Kurses insgesamt und großen Defiziten und Lücken der Teilnehmenden im Bereich der Weltreligionen, so dass in der Regel für diesen Bereich mehr Zeit in Anspruch genommen werden muss.

Neben den ganzjährigen Weiterbildungskursen zur Menschenrechtsbildung gab es in der Vergangenheit auch zwei Angebote zur Fortbildung im Bereich der Kinderrechte. Davon wurde jedoch lediglich eines durchgeführt, da das andere mangels Teilnehmerinnen und Teilnehmern abgesagt wurde.

Nimmt man die je rund 16 Teilnehmenden der Weiterbildungskurse und knapp 18 der Fortbildung zusammen kommt man auf 82 Lehrkräfte, die in den vergangenen vier Jahren in diesem ostdeutschen Bundesland unter anderem zur Thematisierung von Kinderrechten im Unterricht qualifiziert wurden sind. Auffällig ist in diesem Zusammenhang, dass Demlan, die als Fortbildnerin für diesen Bereich agiert, selbst keine besondere Qualifikation für diese Tätigkeit erhalten hat. Grundlage ihrer Tätigkeit ist die Erfahrung als Lehrkraft, das von 1995 bis 1998 absolvierte Zusatzstudium mit der Befähigung zur Unterrichtung im Fach Ethik und die selbständige Aneignung und Recherche von Materialien und Literatur. Auch ein Fortbildungsangebot des Deutschen Instituts für Menschenrechte hat Demlan aus eigenem Interesse wahrgenommen. Innerhalb ihres Ethik-Studiums stellte der Bereich Menschen- und Kinderrechte keinen Schwerpunkt dar, wie Demlan betonte.[128]

Ähnliches berichteten Ebbert und Ernst, die an ihren jeweiligen Schulen damit befasst sind, Kindern die Inhalte der Kinderrechtskonvention nahe zu bringen. So berichtete Ebbert, dass zwar rund zwei Drittel des Kollegiums der Durchführung des Projektes „Hands for Kids" grundsätzlich offen gegenüberstanden, während das andere Drittel zunächst abwartend reagierte. Eine besondere Qualifikation der Lehrkräfte habe nicht stattgefunden. Ebbert selbst hatte zwar im Rahmen der Erarbeitung der „Hands for Kids"-Materialien über zwei Jahre mehrfach die Möglichkeit an verschiedenen Arbeitsgruppenberatungen teilzunehmen und sich mit anderen Kolleginnen und Kollegen dazu auszutauschen, vertritt aber auch die Meinung, dass es Angebote zur Fortbildung von Lehrkräften benötige, die Kindern ihre Rechte vermitteln sollen. Darüber hinaus hält er es für sinnvoll, eigene Einführungsveranstaltungen für das „Hands for Kids"-Projekt anzubieten und durchzuführen, um weitergehende Informationen und Anregungen zur Anwendung im Unterricht weitergeben zu können.[129] Eine solche Auftaktveranstaltung konkret zum Projekt „Hands for Kids" hat es laut Ernst am Landesinstitut für Schule und Medien des Landes Brandenburg gegeben. Dort und auch bei anderen Anbietern hat Ernst Fortbildungen absolviert, um sich selbständig für die Kinderrechtsbildung zu qualifizieren.[130] Auch Jungkamp weist daraufhin, dass nach der Einführung der Thematik Kinderrechte in den gemeinsamen Rahmenlehrplan der Länder Berlin und Brandenburg für den Sachunterricht in der Grundschule spezielle Veranstaltungen zur Implementierung stattgefunden haben. Deren Ziel war es explizit, auf die Verankerung der Kinderrechte hinzuweisen. Gleichzeitig wurden diese Veranstaltungen genutzt,

128 Demlan 2012
129 Ebbert 2012
130 Ernst 2012

um dafür entwickelte Unterrichtsmaterialien vorzustellen und Handreichungen an die Lehrkräfte auszugeben. Des Weiteren gab es laut Jungkamp zusätzliche regionale und überregionale Fachtagungen und Fortbildungsveranstaltungen mit dem Schwerpunkt der methodischen und didaktischen Behandlung des Themas Kinderrechte im Unterricht. Diese Angebote waren seiner Aussage nach stark praktisch und an der Umsetzung im Unterricht orientiert. Darüber hinaus hat das Land Brandenburg für die Bundesrepublik Deutschland die Ausbildung von 116 Beraterinnen und Beratern für Demokratie an Schule übernommen. Ausgebildet wurden diese Demokratiementoren ebenfalls am Landesinstitut für Schule und Medien der Länder Berlin und Brandenburg. Im Rahmen dieser dreijährigen Weiterbildung mit einem Umfang von 190 Stunden wurde insbesondere darauf Wert gelegt, Methoden zu vermitteln, die geeignet sind, die Selbstwirksamkeitserfahrung von jungen Menschen zu fördern. Aktuell arbeiten sieben dieser Fachberaterinnen und -berater für Demokratie im Land Brandenburg. Dies entspricht einer gleichmäßigen Verteilung der Mentoren über das Bundesgebiet.[131]

Ungeachtet dessen oder dennoch gibt es starke Kritik von Bär und Hofmann am Qualifikationsniveau der Lehrkräfte. Diese knüpft bei Ebbert an und zielt darauf ab, dass Lehrerinnen und Lehrer, die Kindern Kinderrechte nahe bringen sollen, darauf nicht vorbereitet und nicht dafür qualifiziert sind. Laut Bär und Hofmann fehlt es den Fachkräften an „didaktischem Know-how“. Diese seien nicht darauf vorbereitet, Kinderrechte adäquat zu lehren. Dazu komme, dass es den Pädagogen auch an einer entsprechend notwendigen Einstellung zum Thema fehle. „Kinder haben eigenständige Rechte und es geht eben nicht nur darum, diese zu vermitteln, sondern es muss auch voraussetzen, dass ich selber bereit bin, mich damit auseinanderzusetzen als Vermittelnder und auch bereit bin, mich, mein Verhalten zu reflektieren“ so Hofmann. Auch Lehrkräfte seien eben nicht per se qualifiziert, um Kindern ein solches Thema zu vermitteln.

Vor diesem Hintergrund bietet das Deutsche Kinderhilfswerk eigenständig Fort- und Weiterbildungsmaßnahmen zu Kinderrechten an und hat selbständig Materialien zur Nutzung im schulischen Kontext und darüber hinaus entwickelt. So bietet das DKHW einen sogenannten Kinderrechtekoffer an, der in Kindertagesstätten, Schulen und Jugendfreizeiteinrichtungen zum Einsatz kommt. Zusätzlich werden verschiedene Fort- und Weiterbildungsmodule zum Beispiel zur Moderation von Beteiligungsprozessen oder zum Material „Kinderstube der Demokratie“ offeriert. Des Weiteren gibt es einen Weiterbildungskurs, welcher aus fünf zweitägigen Modulen besteht. Die Teilnehmenden beschäftigen sich in den verschiedenen Seminaren u. a. mit Fragen der Leitbildentwicklung, der Beteiligung in Kindertagesstätten und Schulen, der Finanzierung von Projekten und

131 Jungkamp 2012

der Durchführung einer Zukunftswerkstatt. Die bisher durchgeführten sechs Weiterbildungskurse wurden im Durchschnitt von 20 Teilnehmerinnen und Teilnehmern besucht. Dazu kommen rund 75 Teilnehmende pro Jahr an den verschiedenen Fortbildungsangeboten. Laut Bär und Hofmann gibt es aus allen Bundesländern Anfragen nach Möglichkeiten zur Qualifizierung. Offensichtlich wird mittlerweile der Bedarf nach professioneller Vermittlung von Kinderrechten erkannt. So geben Teilnehmende als Motivation für den Besuch eines Fort- oder Weiterbildungsangebotes beim Deutschen Kinderhilfswerk an, das Potenzial von Kinderrechten für ihre eigene Arbeit erkannt oder Defizite in der Vermittlung bei sich selbst festgestellt zu haben. Bär und Hofmann stellen fest, dass das Interesse an Beteiligung von Kindern und Jugendlichen steigt. Bei den Trägern von Kindertageseinrichtungen und auch Schulen nehmen sie eine größere Offenheit für Demokratieprozesse und die Rechte der Kinder wahr. Damit geht einher, dass auch der Fortbildungsbedarf für diesen Bereich zunimmt. Gleichwohl räumen sie ein, dass dieser positive Trend nicht auf alle Kinderrechte zu verallgemeinern sei.

Die vorhandenen Angebote werden sehr stark von pädagogischen Fachkräften, jedoch nicht von Lehrkräften nachgefragt. Ein Grund dafür könnte sein, dass das Deutsche Kinderhilfswerk kein Lehrerfortbildungsinstitut ist, vermuten Bär und Hofmann.[132] Ähnliche Erfahrungen macht Schleef vom Kinder- und Jugendbüro Berlin Steglitz-Zehlendorf (KiJuB). Auch sie registriert den Wunsch der pädagogischen Fachkräfte nach Hintergrundwissen und Methoden zur Kinderrechtsbildung. Gemeinsam mit dem Sozialpädagogischen Fortbildungsinstitut Berlin Brandenburg (SFBB) bietet daher KiJuB gemeinsam entsprechende Fortbildungen an. Ziel ist es, mehr Nachhaltigkeit für den Bereich der Kinderrechte zu schaffen. Gelingen kann dies laut Schleef durch die Ausbildung weiterer Multiplikatoren. Im Jahr 2010 fand die gemeinsame Fortbildung zum ersten Mal statt. Über mehrere Tage qualifizierten sich 20 Teilnehmerinnen und Teilnehmer. Das Interesse an diesem Angebot ist nach wie vor hoch. Jedoch stellt Schleef, kongruent zu den Erfahrungen von Bär und Hofmann fest, dass keine Lehrkräfte diese Möglichkeit zur Weiterbildung nutzen. Schleef erachtet als Grund für die mangelnde Teilnahme von Lehrkräften ebenso, dass das SFBB nicht explizit für die Fort- und Weiterbildung von Lehrkräften in den Ländern Berlin und Brandenburg zuständig ist. Grundsätzlich bestehe zwar die Offenheit des Angebotes. Jedoch müssten sich Lehrkräfte selbständig interessieren und persönlich aktiv werden, um daran teilnehmen zu können. Eine Zusammenarbeit mit dem explizit für Schule zuständigen Landesinstitut für Schule und Medien Berlin Brandenburg im Bereich der Kinderrechte gebe es aktuell nicht. Gleich-

132 Bär/ Hofmann 2012

wohl kommt Schleef zu der Einschätzung, dass zu wenige Fortbildungsmöglichkeiten für Lehrerinnen und Lehrer zu dieser Thematik existieren.[133] Zu diesem Schluss kommen auch Bär und Hofmann.[134]

6.3 Zur Umsetzung des Artikels 42 KRK und Bekanntheit der Kinderrechte

Differenziert fällt auch die Bewertung bezüglich der Umsetzung des Artikels 42 der Konvention über die Rechte des Kindes aus. Während diejenigen Gesprächspartnerinnen und Gesprächspartner, die sich mit der Vermittlung der Kinderrechte beschäftigen, eher zu einer positiven Einschätzung gelangen, wird dies von den Experten aus dem Bereich der Interessenvertretung deutlich zurückhaltender bis negativ bewertet. So betonen Hofmann und Bär, dass die Schule ein wichtiges Feld zur Bekanntmachung der Kinderrechte gegenüber den Kindern sei, welches jedoch nicht entsprechend den Möglichkeiten genutzt wird. Ihrer Einschätzung nach spielen Kinderrechte an Schule gar keine Rolle. Sie attestieren Defizite und fordern die verpflichtende Verankerung der Behandlung und Thematisierung in den Rahmenlehrplänen aller deutschen Bundesländer. Dabei sollte auf eine kontinuierliche und altersangemessene Vermittlung geachtet werden. Flankierend empfehlen sie die Ausstattung jeder Schule mit einer speziell für den Bereich der Kinderrechte aus- oder fortgebildeten Fachkraft. Darüber hinaus plädieren sie dafür, Kinderrechte frühzeitig, auch bereits vor dem Eintritt der Kinder in die Schule zu thematisieren und verweisen auf entsprechende Aktivitäten in den Kindertagesstätten der Hansestadt Hamburg. Auch im Bereich der außerschulischen Jugendarbeit sehen sie die Möglichkeit, die Rechte der Kinder an junge Menschen zu vermitteln. Ungeachtet des pädagogischen Einsatzfeldes fordern sie ausdrücklich mehr Angebote zur Fort- und Weiterbildung ein. Neben den pädagogischen Professionen ist ihrer Meinung nach auch dringender Handlungsbedarf bei den Juristen angebracht. Aus ihrer Sicht ist es erschreckend, wie wenige Anwälte und Richter sich auf die Konvention über die Rechte des Kindes beziehen und diese offenbar nicht als Rechtsgrundlage in ihre Arbeit einbeziehen. Trotz ihrer deutlichen Kritik finden die Vertreter des Deutschen Kinderhilfswerks, dass die Vermittlung von Kinderrechten dort wo sie stattfindet gut gelingt. Allerdings handelt es sich dabei um viel zu wenige konkrete Maßnahmen.[135] Ebenfalls sehr kritisch betrachtet Schleef vom Kinder- und Jugendbüro Berlin Steglitz-Zehlendorf die Umsetzung

133 Schleef 2012
134 Bär/ Hofmann 2012
135 Ebd.

des Artikels 42 KRK in der Bundesrepublik Deutschland. Ihrer Meinung nach müsste sich der Staat deutlich stärker als bisher geschehen dafür einsetzen, dass den Kindern ihre Rechte bekannt gemacht werden. Im Moment gibt es dafür nicht einmal ausreichend Informationsmaterialien. Damit dies gelingt, fordert sie, zusätzliche Ressourcen zur Verfügung zu stellen und mehr Multiplikatoren auszubilden, die diese Aufgabe qualifiziert wahrnehmen können.[136] Auch Ebbert sieht die, aus Artikel 42 KRK entspringenden Verpflichtungen nicht erfüllt.[137] Gegenteilig fällt die Bewertung bei Ernst aus, wie Ebbert ebenfalls Lehrer. Seiner Meinung nach gelingt die Bekanntmachung der Kinderrechtskonvention gegenüber den Kindern. Um seine Position zu unterstreichen, verweist er auf das sich entwickelnde partnerschaftliche Verhältnis zwischen Kindern und Erwachsenen, welche sich auch in der Parität zwischen Schülern, Lehrern und Eltern in den Schulgremien ausdrücke.[138] Auch Demlan und Jungkamp vertreten die Ansicht, dass die Kinderrechtsbekanntmachung in Deutschland gelinge. Beide verweisen auf die Verankerung in den Rahmenlehrplänen. Dadurch sei flächendeckend gesichert, dass sich jede Schülerin und jeder Schüler mit dem Thema Kinderrechte befasst. Demlan weist aber einschränkend darauf hin, dass es eine Abhängigkeit zwischen der unterrichtenden Lehrkraft und dem Umfang der Behandlung des Themas gebe. Grundsätzlich jedoch sei die Unterrichtsversorgung mit Ethik landesweit gesichert und somit auch gewährleistet, dass Kinderrechte an den Schulen vermittelt werden. Sie meint, dass Kinder wissen, dass sie Rechte haben.[139] Jungkamp geht zwar davon aus, dass die Konvention über die Rechte des Kindes in der gesamten Bevölkerung nicht ausreichend bekannt sei, in den Schulen des Landes Brandenburg jedoch erfolge die Bekanntmachung der Rechte des Kindes gegenüber den jungen Brandenburgerinnen und Brandenburgern. Dies sei durch die verpflichtende Thematisierung in der Grundschule gesichert. Dennoch ist sich Jungkamp bewusst, dass weitere Anstrengungen notwendig sind. Vor diesem Hintergrund hat das Land Brandenburg in der Kultusministerkonferenz den Antrag eingebracht, die Erziehung zur Demokratie in den Schulen zu stärken. Dieser Antrag fand in dem Gremium auch eine Mehrheit. Ungeachtet dessen bleibt für Jungkamp die Forderung nach einem verstärkten Engagement des Bundes in der Demokratiebildung weiterhin bestehen.[140] Auch das Deutsche Kinderhilfswerk verfolgt mit seiner Kampagne „Kinderrechte ins

136 Schleef 2012
137 Ebbert 2012
138 Ernst 2012
139 Demlan 2012
140 Jungkamp 2012

Grundgesetz" neben der Verankerung in der Verfassung ein stärkeres Engagement der Bundesebene in diesem Bereich.[141]

Ein ähnliches Bild ergibt sich bei der Betrachtung der Aussagen zur Bekanntheit und Akzeptanz der Kinderrechtskonvention. Demlan geht davon aus, dass das Vorhandensein der Konvention über die Rechte des Kindes „relativ vielen bekannt" ist. Dabei betont sie jedoch einschränkend, dass sicherlich nicht jedes einzelne Recht und schon gar nicht der Wortlaut der Konvention auf eine große Bekanntheit treffen würden. Unter den von ihr fortgebildeten Lehrkräften gab es Einigkeit zur Notwendigkeit der Existenz von Kinderrechten und regelmäßig wieder auftretende Diskussionen zur juristischen Bindungswirkung der Konvention. Nach ihrer Darstellung wünschen sich die Lehrkräfte juristisch verbindliche und einklagbare Kinderrechte.[142] Auch Ebbert geht davon aus, dass der Mehrheit der Deutschen die Existenz der Kinderrechte bekannt ist. Seiner Einschätzung nach kennen 60 Prozent der Deutschen die Konvention über die Rechte des Kindes. Gleichzeitig differenziert er dies und betont, dass diese unter jüngeren Eltern eher bekannt sein dürfte, als unter älteren Menschen. Auch meint er, dass der Kenntnisstand über konkrete Kinderrechte nicht sehr hoch sei. Als Beleg führt er an, dass im vergangenen halben Jahr das Thema der Kinderrechte häufiger als bisher Erwähnung in der Presse fand. Insbesondere die Diskussion und Ablehnung, um das Anliegen, Kinderrechte im Grundgesetz zu verankern, hob er dabei hervor.[143] Ebenso kam Demlan zu der Ansicht, dass Menschen- und Kinderrechte häufig in den Medien widergespiegelt werden.[144] Die Einschätzung von Ernst deckt sich dabei mit denen von Ebbert und Demlan. Demnach kennen viele Kinder ihre Rechte, ohne jedoch zu wissen, dass eine eigenständige Konvention über die Rechte des Kindes existiert.[145] Jungkamp ist mit seiner Einschätzung zum Bekanntheitsgrad der Kinderrechtskonvention vorsichtiger. Er meint, dass die Konvention „nicht wenigen bekannt" sei, aber einer „Mehrheit der Bevölkerung vielleicht nicht". Er geht davon aus, dass viele Menschen die Kinderrechte allgemein unter Menschenrechten und den Regelungen in unserer Verfassung subsummieren. Aus den Diskussionen im schulischen Kontext verweist er auf Erfahrungen grundsätzlicher Natur. Dabei handelt es sich um formale Debatten über die Notwendigkeit eines eigenständigen Kinderrechtsvertrages mit dem Hinweis auf die Allgemeine Erklärung der Menschenrechte und das deutsche Grundgesetz.[146] Deutlich kritischer und pointierter be-

141 Bär/ Hofmann 2012
142 Demlan 2012
143 Ebbert 2012
144 Demlan 2012
145 Ernst 2012
146 Jungkamp 2012

werten Schleef sowie Hofmann und Bär den Verbreitungsgrad der Kinderrechtskonvention. Laut Schleef sind Schülerinnen und Schülern unabhängig von der Schulform ihre Rechte nicht nur nicht bekannt. Zudem kommen sie im Gegensatz zu den Aussagen von Ebbert, Ernst, Demlan und Jungkamp auch in der Schule nicht mit dem Thema in Berührung. Lediglich in Einzelfällen konnten sich Schülerinnen und Schüler erinnern, den Bereich der Kinderrechte schon einmal im Rahmen des Unterrichts vermittelt bekommen zu haben. Darüber hinaus wissen ebenso Lehrkräfte wie Eltern nicht über die Rechte der Kinder Bescheid.[147] Ähnlich wird dies von Hofmann und Bär vom Deutschen Kinderhilfswerk eingeschätzt. Ihrer Auffassung nach ist die Kinderrechtskonvention weder in der Umsetzung noch in der Bekanntheit so weit fortgeschritten, wie man es nach über zwanzig Jahren hätte erwarten können. In der Öffentlichkeit und auch bei den politischen Akteuren sei das Bewusstsein für die Existenz der Konvention über die Rechte des Kindes nicht ausreichend. Gleichzeitig fehle es den Erwachsenen an einer entsprechenden Einstellung und dem Verständnis für Kinderrechte. Damit einher gehe die mangelnde Reflektion des eigenen Verhaltens gegenüber Kindern. Darüber hinaus sind Bär und Hofmann der Meinung, dass insbesondere das Klima an Schule nicht geeignet sei, um die Vermittlung von Kinderrechten und das Leben von Mitbestimmungs- und Beteiligungsrechten zu zulassen.[148]

147 Schleef 2012
148 Bär/ Hofmann 2012

7 Feststellungen und Empfehlungen

Aus Artikel 42 der Kinderrechtskonvention leitet sich im Zusammenwirken mit Artikel 29 die Pflicht der Vertragsstaaten zur Kinderrechtsbildung ab. Unterstützt wird dies ebenfalls durch Artikel 26 der Allgemeinen Erklärung der Menschenrechte. Schulen haben demnach den Auftrag, Kinderrechte bekannt zu machen und zur Achtung selbiger zu erziehen.[149] Daneben kommen der Aufklärung über die Rechte des Kindes und der Fortbildung insbesondere von Fachkräften, die mit Kindern und jungen Menschen arbeiten, besondere Rollen zu, um der Absicht des Artikels 42 KRK zu entsprechen.[150]

Gelingende Kinderrechtsbildung vermittelt die notwendigen Kenntnisse dabei auf mehreren Ebenen. Kindern sollte Wissen über die Kinderrechtskonvention vermittelt und ihnen sollten Handlungsmöglichkeiten bei Verstößen und Gefährdung ihrer Rechte aufgezeigt werden. Des Weiteren sollen sie die Werte und Ideale der Kinderrechtskonvention vertreten können.[151] Gut praktiziert, trägt dieser Prozess zur Entwicklung der Persönlichkeit und Stärkung der Selbstachtung bei Kindern und jungen Menschen bei. Kinderrechtsbildung ist damit mehr als die Vermittlung von Wissen.[152] Sie ist im besten Fall Katalysator der Menschwerdung. Entsprechend positive Auswirkungen auf das Schulklima sind heute bereits dort feststellbar, wo Kinderrechtsbildung stattfindet.[153] Einen entscheidenden Beitrag für diesen positiven Effekt leisten das große Interesse und die Freude der Schülerinnen und Schüler an der Thematisierung der Kinderrechte. Die Beschäftigung mit Situationen aus ihrem Leben und mit Bezügen zu ihrem Alltag ist Grundlage dieses Resultats.[154]

Dieser positiven Effekte ungeachtet, kommt erst die Hälfte der Länder der Bundesrepublik Deutschland der Verpflichtung gemäß Artikel 42 KRK nach und hat die Vermittlung von Kinderrechten in ihren Rahmenlehrplänen verankert. Damit ist die Annahme des Autors, wonach nur wenige Bundesländer Kinderrechte im Unterricht verpflichtend thematisieren unzutreffend. Gleichwohl verbindet sich mit dieser nicht erwarteten Anzahl von Bundesländern, welche der entsprechenden Bestimmung nachkommen, keine qualitative Aussage über den Erfolg der Kinderrechtsbildung an deutschen Schulen im Allgemeinen. Denn es ist ausdrücklich daraufhin zuweisen, dass die alleinige Verankerung der

149 Haupt/ Turek 2007

150 DIMR 2011

151 Haupt 2007

152 Ernst 2012, Haupt/ Turek 2007

153 Jungkamp 2012

154 Ebbert 2012, Ernst 2012, Demlan 2012, Schleef 2012

Kinderrechte in den Rahmenlehrplänen der deutschen Bundesländer lediglich einen sehr geringen Effekt auf eine gelingende Kinderrechtsbildung hat. Insbesondere vor dem Hintergrund, dass die Lehrkräfte für die Vermittlung der Kinderrechte nicht qualifiziert sind, steht ein positives Resultat in Frage.[155] Die These des Autors, dass Pädagoginnen und Pädagogen an deutschen Schulen für die Kinderrechtsbildung nicht befähigt sind ist damit bestätigt. Auch die Kritik der Arbeitsgruppe Menschenrechtsbildung im Forum Menschenrechte aus dem Jahr 2005, wonach Menschenrechtsbildung in der Schule noch auf ihre Umsetzung wartet, hat damit für die Gesamtheit des deutschen Bildungswesens weiter Bestand.[156]

Festzustellen ist ebenso, dass bei Pädagogen, die nicht als Lehrkraft tätig sind sondern im außerschulischen Bereich bzw. als Schulsozialarbeiterinnen und -arbeiter mit Kindern professionell umgehen, das Interesse an Qualifizierungsmaßnahmen zu Kinderrechten deutlich ausgeprägter ist. Lehrerinnen und Lehrer haben in der Mehrzahl offenbar kein Interesse, sich für die Auseinandersetzung mit dem Themenbereich Kinderrechte zu qualifizieren. Ungeachtet dessen könnte mit den derzeitigen Angeboten im Bereich der Fort- und Weiterbildung ein notwendiger Nachfragebedarf für Lehrkräfte aber auch gar nicht befriedigt werden. Entsprechende Maßnahmen und Offerten stehen bisher nicht im notwendigen Umfang zur Verfügung. Dieses Ergebnis deckt sich mit den Erfahrungen von Amsler und anderen, wonach es „explizite Fort- und Weiterbildungsangebote zu Menschen- und Kinderrechten derzeit nur vereinzelt [gibt]".[157] Ebenso wurde in vorangegangenen Jahren ein Mangel an entsprechenden Angeboten bereits attestiert.[158] Die Annahme des Autors, wonach zu wenige Qualifizierungsangebote für Lehrkräfte zur Verfügung stehen ist damit zutreffend.

Ausgehend von diesen Feststellungen lässt sich eine Reihe von Empfehlungen formulieren, um der Kinderrechtsbildung in Deutschland in den kommenden Jahren nachzukommen und damit den Ausführungen des Artikels 42 KRK zu entsprechen. Grundsätzlich ergibt sich aus der Pflicht zur Kinderrechtsbildung die Notwendigkeit, die Vermittlung von Kinderrechten und die Bekanntmachung der Konvention über die Rechte des Kindes obligatorisch in die Rahmenlehrpläne aller Schulformen in allen Bundesländern aufzunehmen.[159] Dabei sollte darauf geachtet werden, dass der Prozess der Kinderrechtsbildung im Rahmen der Schule kontinuierlich erfolgt und die Behandlung entsprechend an der Ent-

155 Bär/ Hofmann 2012, Demlan 2012, Ebbert 2012, Ernst 2012, Schleef 2012
156 Amsler et al. 2005
157 Amsler et al. 2011
158 Lohrenscheit/ Rosemann 2003
159 Bär/ Hofmann 2012, NC 2004

wicklung der Kinder orientiert, von der Grundschule bis zum Schulabschluss ausgestaltet wird.[160] Neben der Verankerung des Themas als Bestandteil der Bildungsziele ist es unerlässlich, die Lehrkräfte auf diese Aufgabe vorzubereiten und sie entsprechend zu qualifizieren. Dafür ist es notwendig Fort- und Weiterbildungsangebote in ausreichendem Umfang zur Verfügung zu stellen.[161] Dies geschieht bisher nicht. Anzubietende Maßnahmen der Fort- und Weiterbildung sollten dabei genügend Raum bieten, um die Teilnehmerinnen und Teilnehmer zu aktivieren und für das Thema nachhaltig zu sensibilisieren. Dafür erscheinen das selbständige Ausprobieren von Methoden und Materialien, die Diskussion mit anderen sowie das eigene Erleben innerhalb der Angebote notwendig.

Ungeachtet der zentralen Bedeutung des Schulwesens ist anzustreben, dass die Thematisierung von Kinderrechten bereits im Kindergarten beginnt, durch außerschulische Bildungsangebote in der Jugendarbeit unterstützt und auch Bestandteil der Berufsausbildung wird. Von Bedeutung ist dies insbesondere in der Ausbildung bestimmter Berufsgruppen wie bei Pädagogen, Juristen und Medizinern.[162]

Bei der Beschäftigung mit den Rechten der Kinder ist darauf zu achten, dass diese nicht allein defizitorientiert und unter Bedrohungs- und Gefährdungsaspekten thematisiert werden. Vielmehr sollten Bezüge zur alltäglichen Lebenswelt der Kinder hergestellt und ihnen die Möglichkeit zur Selbstwirksamkeitserfahrung gegeben werden.[163] Eine zentrale Voraussetzung damit dies gelingt, ist Inhalt und Geist der Konvention über die Rechte des Kindes als Grundlage und Maßstab der Arbeit aller Akteure in Kindertagesstätten, Schulen, Jugendfreizeiteinrichtungen und Projekten zu betrachten.[164] Kinder werden im täglichen Zusammenleben durch Bezugspersonen in den genannten Institutionen geprägt. Sie sollten ihnen daher Vorbild sein.[165] In diesem Sinn sollten sich Pädagoginnen und Pädagogen aller Professionen als „Verfechterinnen“ und „Verfechter“ der Kinderrechte verstehen.[166]

Neben den genannten Maßnahmen ist es allgemein notwendig, die Anstrengungen und Bemühungen zur Bekanntmachung der Kinderrechtskonvention zu stärken und auszubauen.[167] Die Koordinierungsgruppe der National Coalition zur Umsetzung der Kinderrechtskonvention in Deutschland sieht den Anspruch

160 Amsler et al. 2005, Bär/ Hofmann 2012

161 Bär/ Hofmann 2012, Ebbert 2012

162 NC 2004

163 Bär/ Hofmann 2012, Haupt 2007, Jungkamp 2012

164 Amsler et al. 2005, Edelstein 2009, Kahane 2006

165 Portmann 2010

166 Maywald 2007

167 Schleef 2012

zur Bekanntmachung der Kinderrechte resultierend aus Artikel 42 der Konvention über die Rechte des Kindes noch nicht realisiert.[168] Obwohl die Jugendministerkonferenz bereits 1998 beschloss, es als Aufgabe anzuerkennen, junge Menschen mit der Kinderrechtskonvention vertraut zu machen[169] und dies nach Ansicht der Bundesrepublik Deutschland auch gelingt[170], kommt diese Arbeit zu dem Schluss, dass dies bisher nicht in ausreichendem Maß geschehen ist und weder die Bundesrepublik Deutschland noch die Bundesländer alle ihnen zur Verfügung stehenden Möglichkeiten dafür entsprechend genutzt haben. Die These des Autors, dass die Bundesrepublik Deutschland den Bestimmungen des Artikels 42 KRK nicht nachkommt ist damit relativiert. Mit Blick auf vergangene Jahre kann auch attestiert werden, dass Kinderrechtsbildung vermehrt stattfindet. Von einer qualitativen Vermittlung kann allgemein jedoch noch nicht gesprochen werden.

168 NC 2004, NC 2010
169 JMK 1998
170 BMFSFJ 2004, BMFSFJ 2010

Literaturverzeichnis

Amsler, Peter/ Lohrenscheidt, Claudia/ Möller, Lutz/ Reitz, Sandra/ Rössner, August/ Zabel, Dieter (2005): *Standards der Menschenrechtsbildung in Schulen.* Arbeitsgruppe Menschrechtsbildung im Forum Menschenrechte (Hg.). Berlin. 2005. http://www.unesco.de/fileadmin/medien/Dokumente/Wissenschaft/Bildungsstandards_MRB.pdf, Zugriff am 13. Januar 2012

Amsler, Peter/ Möller, Lutz/ Reitz, Sandra/ Rössner, August/ Rosini, Paola/ Schukalla, Kajo (2011): *Menschenrechte und frühkindliche Bildung in Deutschland.* Forum Menschenrechte (Hg.) Berlin. http://www.unesco.de/fileadmin/medien/Dokumente/Bibliothek/FMR_fruehkindliche_Bildung_2011.pdf, Zugriff am 13. Januar 2012

BayEUG (2000): *Bayerisches Gesetz über das Erziehungs- und Unterrichtswesen.* In der Fassung der Bekanntmachung vom 31. Mai 2000. http://by.juris.de/by/gesamt/EUG_BY_2000.htm, Zugriff am 30. Januar 2012

Bär, Dominik/ Hofmann, Holger (2012): *Interview mit Holger Hofmann, Leiter der Programmabteilung, und Dominik Bär, Referent Kinderpolitik.* Deutsches Kindeshilfswerk. 15. Februar 2012

BbgSchulG (2002): *Gesetz über die Schulen im Land Brandenburg.* 02. August 2002. http://www.bravors.brandenburg.de/sixcms/detail.php?gsid=land_bb_bravors_01.c.47195.de, Zugriff am 28. Januar 2012

Bielefeldt, Heiner (2004): *Die Würde als Maßstab.* In: Menschenrechtsbildung – Bilanz und Perspektiven. Mahler, Claudia/ Mihr, Anja (Hg). VS Verlag für Sozialwissenschaften. Wiesbaden.

Bielefeldt, Heiner/ Seidensticker, Frauke (2007): *Vorwort.* In: Unterrichtsmaterialien für die Menschenrechtsbildung an Schulen. Lohrenscheit, Claudia. Deutsches Institut für Menschenrechte. Berlin. http://www.institut-fuer-menschenrechte.de/uploads/tx_commerce/unterrichtsmaterialien_zweite_fassung_2009.pdf, Zugriff am 14. Januar 2012

BLK (2002): *BLK-Programm.* Programm Demokratie lernen und leben. http://blk-demokratie.de/index.php?id=83, Zugriff am 23. Januar 2012

BMFSFJ (2004): *Bericht der Bundesrepublik Deutschland an die Vereinten Nationen gemäß Artikel 44 Abs. 1 Buchstabe b des Übereinkommens über die Rechte des Kindes.* Bundesministerium für Familie, Senioren, Frauen und Jugend. http://www.auswaertiges-amt.de/cae/servlet/contentblob/358178/publicationFile/3610/Bericht2-Kinderrechte.pdf, Zugriff am 02. Januar 2012

BMFSFJ (2010): *Dritter und Vierter Staatenbericht der Bundesrepublik Deutschland zu dem Übereinkommen der Vereinten Nationen über die Rechte des Kindes.* Bundesministerium für Familie, Senioren, Frauen und Jugend. http://www.bmfsfj.de/RedaktionBMFSFJ/Broschuerenstelle/Pdf-Anlagen/dritter-vierter-staatenbericht-kinderrechtskonvention,property=pdf,bereich=bmfsfj,sprache=de,rwb=true.pdf, Zugriff am 02. Januar 2012

BremSchulG (2005): *Bremisches Schulgesetz.* 2005. http://712.joomla.schule.bremen.de/gesetze/html/210_01.htm#210_01, Zugriff am 23. Januar 2012

BSPS (1999): *Das Projekt "Baltic Sea Project School".* http://www.bsps.de/, Zugriff am 23. Januar 2012

Cakmakci, Cemile/ Demir, Nuray/ Dogan, Merih/ Jancke, Elke/ Ökzüs, Hülya (2010): *Elternbeteiligung an der Fichtelgebirge-Grundschule in deutscher und türkischer Sprache.* Berlin 10/2010. (Broschüre zur Vorstellung der Elternbeteiligung an der Fichtelgebirge Grundschule Berlin Kreuzberg)

CRC (2003): *General Comment No. 5 (2003).* General measures of implementation of the Convention on the Rights of the Child (arts. 4, 42 and 44, para. 6). Committee on the Rights of the Child. 34. Session. 19.09.-02.10.2003

Demlan, Katja (2012): *Interview mit Katja Demlan.* Fortbildnerin an einem ostdeutschen Lehrerbildungsinstitut. 13. Februar 2012.

Destatis (2006): *Durchschnittsalter der Lehrerkollegien steigt.* Zahl der Woche Nr. 40 vom 10.10.2006. http://www.destatis.de/jetspeed/portal/cms/Sites/destatis/Internet/DE/Presse/pm/zdw/2006/PD06__040__p002,templateId=renderPrint.psml, Zugriff am 03. Februar 2012

Destatis (2011): *Bildung und Kultur. Allgemeinbildende Schulen.* Fachserie 11. Reihe 1. Statistisches Bundesamt. Wiesbaden. 16.11.2011. https://www.destatis.de/DE/Publikationen/Thematisch/BildungForschungKultur/Schulen/AllgemeinbildendeSchulen2110100117004.pdf?__blob=publicationFile, Zugriff am 28. März 2012

DH (2012): *Demokratisch Handeln – Was ist das?.* http://www.demokratisch-handeln.de/index.html, Zugriff am 30. Januar 2012

DIMR (2011): *2001 – 2011 Kompetenz und Engagement für Menschenrechte.* Deutsches Institut für Menschenrechte. http://www.institut-fuer-menschenrechte.de/uploads/tx_commerce/Broschuere_10_Jahre_DIMR.pdf, Zugriff am 13. Januar 2012

DKHW (2011): *Beispielhaft: Kinderrechte in den Lehrplänen von Nordrhein-Westfalen Pflicht.* Rubrik: Schule & Kindergarten. 13. Oktober 2011. http://www.cleankids.de/2011/10/13/kinderrechte-sind-in-den-lehrplanen-von-nordrhein-westfalen-pflicht/16527, Zugriff am 16. Januar 2012

DVLFB (2006): *Institutionen für Lehrerfortbildung, Schulentwicklung und Qualitätsentwicklung der Bundesländer.* Deutscher Verein zur Förderung der

Lehrerinnen- und Lehrerfortbildung e. V. 16.07.2006 http://www.dvlfb.de /links/index.htm, Zugriff am 03. Januar 2012

Ebbert, Enno/ Jancke, Elke/ Mandera, Dorothea/ Spieler, Annette (2009): *Fichtelgebirge-Grundschule.* (Broschüre zur Vorstellung der Fichtelgebirge Grundschule Berlin Kreuzberg)

Ebbert, Enno (2012): *Interview mit Enno Ebbert, Lehrer an der Fichtelgebirge-Grundschule, Berlin-Kreuzberg.* 15. Februar 2012.

Edelstein, Wolfgang (2007): *Demokratie als Praxis und Demokratie als Wert – Überlegungen zu einer demokratiepädagogischen aktiven Schule.* In: Demokratie erfahrbar machen – demokratiepädagogische Beratung in der Schule. Ein Handbuch für Beraterinnen und Berater für Demokratiepädagogik. Landesinstitut für Schule und Medien Berlin-Brandenburg. Oktober 2007. http://bildungsserver.berlin-brandenburg.de/fileadmin/bbb/ themen/demokratie/Handbuch_Demokra tie_14_11.pdf, Zugriff am 03. Januar 2012

Edelstein, Wolfgang (2009): *Werte und Kompetenzen für eine zukunftsfähige Schule.* Max-Planck-Institut für Bildungsforschung, Berlin. http://bildungs server.berlin-brandenburg.de/fileadmin/bbb/themen/demokratie/demokra tiepaedagogik/kmk-Tagung_demokratiebildung/pdf/Edelstein_Werte_und _Kompetenzen_fuer_eine_zukunftsfaehige_Schule. pdf, Zugriff am 03. Januar 2012

Enderlein, Oggi/ Krappmann, Lothar (2007): *Menschenrechtsbildung als Auftrag der Schule.* In: Kinderrechte in Kindertageseinrichtungen und Schulen. Die UN-Konvention umsetzen. Band IX. National Coalition. Dokumentation des 5. Kinderrechtetags. 18.-19. November 2006, Bad Boll. Berlin. 2007

Ernst, Peter (2012): *Interview mit Peter Ernst, Lehrer an der Grundschule „Am Griebnitzsee“ Potsdam-Babelsberg.* 20. Februar 2012.

Flash Eurobarometer (2008): *The Rights of the Child Analytic report.* European Comission. April 2008. http://ec.europa.eu/public_opinion/flash/fl_235_ en.pdf, Zugriff am 16. Januar 2012

Fritzsche, Karl-Peter (2006): *Wozu denn noch Kinderrechte in der Schule? Einwände, Anfragen und Entgegnungen.* In: *„Unser Haus der Kinderrechte“* Menschenrechtsbildung für demokratische Kultur. Interkulturelle Beiträge Jugend und Schule No. 8. Amadeu Antonio Stiftung. Initiativen für Zivilgesellschaft und demokratische Kultur. http://www.amadeu-antonio-stiftung.de/w/files/pdfs/kinderrechte.pdf, Zugriff 13. Januar 2012

GEW (2009): *Bildungsbericht der EU-Kommission: Lehrer in Deutschland zu alt.* 18.07.2009 http://www.gew.de/Bildungsbericht_der_EU-Kommission _Lehrer_in_Deutschland_zu_alt.html, Zugriff am 03. Februar 2012

Haupt, Maria (2007): *Menschenrechte und Schule – Gehört das zusammen?* Eine Interviewrunde mit Anita Bilek, Petra Boogman und Barbara Helm. In: Menschenrechte machen Schule. Polis Aktuell Nr. 10. 2007. Zentrum Polis – Politik lernen in der Schule. Wien. http://www.politik-lernen.at/content/site/gratisshop/shop.item/104452.html, Zugriff am 14. Januar 2012

Haupt, Maria/ Turek, Elisabeth (2007): *Menschenrechte und Schule.* In: Menschenrechte machen Schule. Polis Aktuell Nr. 10. 2007. Zentrum Polis – Politik lernen in der Schule. Wien. http://www.politik-lernen.at/content/site/gratisshop/shop.item/104452.html, Zugriff am 14. Januar 2012

Himmelmann, Gerhard (2007): *Demokratie-Lernen – Eine Aufgabe moderner Schulen.* In: Demokratie erfahrbar machen – demokratiepädagogische Beratung in der Schule. Ein Handbuch für Beraterinnen und Berater für Demokratiepädagogik. Landesinstitut für Schule und Medien Berlin-Brandenburg. Oktober 2007. http://bildungsserver.berlin-brandenburg.de/fileadmin/bbb/themen/demokratie/Handbuch_Demokratie_14_11.pdf, Zugriff am 03. Januar 2012

HmbSG (1997): *Hamburgisches Schulgesetz.* 1997 (zuletzt geändert 2010). http://www.hamburg.de/contentblob/1995414/data/schulgesetzdownload.pdf, Zugriff am 23. Januar 2012

HSchG (2005): *Hessisches Schulgesetz.* In der Fassung vom 14. Juni 2005. http://www.hessen.de/irj/HKM_Internet?cid=c1f7ee3ac049d51fa14df6f30a1b156a, Zugriff am 28. Januar 2012

IQ Hessen (2011): *Über uns.* Institut für Qualitätsentwicklung Hessen. http://www.iq.hessen.de/irj/IQ_Internet?cid=68d1da195c62066c651a37a9885af75b, Zugriff am 04. Februar 2012

JMK (1998): *Umsetzung der UN-Kinderrechtskonvention.* Beschluss der Jugendministerkonferenz am 25./26. Juni 1998 in Kassel. http://www.national-coalition.de/pdf/Dokumente_Kinderrechte/JMK_Beschluss.pdf, Zugriff am 03. Januar 2012

Jungkamp, Burkhard (2012): *Interview mit Burkhard Jungkamp, Staatssekretär im Ministerium für Bildung, Jugend und Sport des Landes Brandenburg.* 27. Februar 2012.

Kahane, Anetta (2006): *Vorwort.* In: *„Unser Haus der Kinderrechte" Menschenrechtsbildung für demokratische Kultur.* Interkulturelle Beiträge Jugend und Schule No. 8. Amadeu Antonio Stiftung. Initiativen für Zivilgesellschaft und demokratische Kultur. http://www.amadeu-antonio-stiftung.de/w/files/pdfs/kinderrechte.pdf, Zugriff 13. Januar 2012

KMK (2006): *Erklärung der Kultusministerkonferenz vom 03.03.2006 zur Umsetzung des Übereinkommens der Vereinten Nationen über die Rechte des*

Kindes. http://www.kmk.org/fileadmin/veroeffentlichungen_beschluesse/ 2006/2006_03_03-Rechte-des-Kindes-UN.pdf, Zugriff am 23. Januar 2012

KMK (2008): *Menschenrechtsbildung in der Bundesrepublik Deutschland.* Länderumfrage des Sekretariats zur Erstellung eines nationalen Berichts im Rahmen des Aktionsplanes der Vereinten Nationen für das Weltprogramm zur Menschenrechtsbildung. Sekretariat der Ständigen Konferenz der Kultusminister der Länder in der Bundesrepublik Deutschland. Bonn. September 2008. http://www.institut-fuer-menschenrechte.de/fileadmin/ user_upload/PDF-Dateien/Empfehlungen_ Umfragen/konferenz_der_ kul tusminister_der_laender_menschenrechtsbildung_in_der_bundesrepublik _deutschland_2008.pdf, Zugriff am 05. Dezember 2011

Lohrenscheit, Claudia (2006): *Menschenrechtsbildung mit Kindern und Jugendlichen. In: „Unser Haus der Kinderrechte" Menschenrechtsbildung für demokratische Kultur.* Interkulturelle Beiträge Jugend und Schule No. 8. Amadeu Antonio Stiftung. Initiativen für Zivilgesellschaft und demokratische Kultur. http://www.amadeu-antonio-stiftung.de/w/files/pdfs/kinder rechte.pdf, Zugriff 13. Januar 2012

Lohrenscheit, Claudia/ Rosemann, Nils (2003): *Perspektiven entwickeln – Menschenrechtsbildung in Deutschland.* Zusammenfassung der Ergebnisse zur Bestandsaufnahme und Positionsbestimmung des Deutschen Instituts für Menschenrechte. Berlin. http://www.institut-fuer-menschenrechte.de/ uploads/tx_commerce/studie_perspektiven_entwickeln_menschenrechtsbil dung_in_deutschland.pdf, Zugriff am 14. Januar 2012

LV NRW (1950): *Landesverfassung für das Land Nordrhein-Westfalen.* 28. Juni 1950. http://www.landtag.nrw.de/portal/WWW/GB_II/II.2/Gesetze/Ver fassung_NRW.jsp, Zugriff am 28. Januar 2012

Mahler, Claudia/ Mihr, Anja (2004): *Menschenrechtsbildung – Bilanz und Perspektiven.* VS Verlag für Sozialwissenschaften. Wiesbaden.

Maywald, Jörg (2007): *Kinderrechte gehören in Kindertageseinrichtungen und Schulen.* In: Kinderrechte in Kindertageseinrichtungen und Schulen. Die UN-Konvention umsetzen. Band IX. National Coalition. Dokumentation des 5. Kinderrechtetags. 18.-19. November 2006, Bad Boll. Berlin. 2007

MBJS/ SBJS/ MBWK (2004): *Rahmenlehrplan Sachunterricht Grundschule.* Ministerium für Bildung, Jugend und Sport des Landes Brandenburg, Senatsverwaltung für Bildung, Jugend und Sport Berlin, Ministerium für Bildung, Wissenschaft und Kultur des Landes Mecklenburg-Vorpommern. 2004. http://bildungsserver.berlin-brandenburg.de/filead min/bbb/unterricht/rahmenlehrplaene_und_curricula re_materialien/grund schule/Sachunterricht-RLP_GS_2004_Brandenburg. pdf, Zugriff am 04. Januar 2012

MBWFK (2012): *Lehrplan für die Sekundarstufe I der weiterführenden allgemeinbildenden Schulen Hauptschule, Realschule, Gymnasium Erdkunde.* Ministerium für Bildung, Wissenschaft, Forschung und Kultur des Landes Schleswig-Holstein. http://www.schleswigholstein.erdkunde.com/Erdkunde.SI.htm, Zugriff am 03. Februar 2012

Miethe, Ingrid (2012): *Leitfaden-Interview.* http://www.ingrid-miethe.de/s61/qualerh/img6.html, Zugriff am 10. Februar 2012

MSW (2007): *Kernlehrplan für den verkürzten Bildungsgang des Gymnasiums – Sekundarstufe I (G8) in Nordrhein-Westfalen: Englisch.* Ministerium für Schule und Weiterbildung des Landes Nordrhein-Westfalen. http://www.standardsicherung.schulministerium.nrw.de/lehrplaene/upload/lehrplaene_download/gymnasium_g8/gym8_englisch.pdf, Zugriff am 03. Februar 2012

NC (1995): *Stellungnahme der Koordinierungsgruppe der National Coalition zum Erstbericht der Bundesregierung zur UN-Kinderrechtskonvention (März 1995).* http://www.institut-fuer-menschenrechte.de/fileadmin/user_upload/PDF-Dateien/Pakte_Konventionen/CRC/crc_state_report_germany_1_1994_parallel_de.pdf, Zugriff am 02. Januar 2012

NC (2004): *Ergänzender Bericht der National Coalition zum Zweitbericht der Bundesrepublik Deutschland an die Vereinten Nationen gemäß Artikel 44 Abs. 1 Buchstabe b des Übereinkommens über die Rechte des Kindes.* National Coalition für die Umsetzung der UN-Kinderrechtskonvention in Deutschland. http://www.national-coalition.de/pdf/Ergaenzender_Bericht_der_National_Coalition.pdf, Zugriff am 02. Januar 2012

NC (2010): *Ergänzender Bericht zum Dritt- und Viertbericht der Bundesrepublik Deutschland an die Vereinten Nationen gemäß Artikel 44 Abs. 1 Buchstabe b des Übereinkommens über die Rechte des Kindes.* National Coalition für die Umsetzung der UN-Kinderrechtskonvention in Deutschland (NC). http://www.national-coalition.de/pdf/26-01-2010/www_nc_Ergbericht.pdf, Zugriff am 02. Januar 2012

NC (2012): *Mitgliedsorganisationen.* National Coalition für die Umsetzung der UN-Kinderrechtskonvention in Deutschland. http://www.national-coalition.de/index.php?id1=6, Zugriff am 17. Februar 2012

NSchG (1998): *Niedersächsisches Schulgesetz.* In der Fassung vom 03. März 1998. http://www.schure.de/nschg/nschg/nschg1.htm, Zugriff am 28. Januar 2012

OHCHR (1996): *United Nations Decade for Human Rights Education (1995-2004).* Office of the United Nations High Commissioner for Human

Rights. http://www2.ohchr.org/english/issues/education/training/decade.htm, Zugriff am 19. Januar 2012

Otten, Michael/ Ottens-Schmitz, Thomas (2011): *Kinder und Rechte in die Bibliothek.* Kinder gestalten eine Ausstellung zu Kinderrechten. In. Sachunterricht 1/2011. http://www.oldenbourg-klick.de/zeitschriften/grundschulunterricht/archiv-downloads/view/artikel/download/artikelnummer/gsus20110132/, Zugriff am 07. Januar 2012

Portmann, Rosemarie (2010): *Fortbildungsordner Juniorbotschafter für Kinderrechte. Für pädagogische Fachkräfte und jugendliche Multiplikatoren.* Macht Kinder stark für Demokratie e. V. Frankfurt/ Main. http://www.makista.de/fileadmin/user_upload/images/Projekte/16eins/Fortbildungsordner_JuniorBotschafter_f%C3%BCr_Kinderrechte-Makista_2010.pdf, Zugriff am 07. Januar 2012

Reinfrank, Timo (2006): Für eine Kinder- und Menschenrechtsorientierung in der Kommune. In: „Unser Haus der Kinderrechte“ Menschenrechtsbildung für demokratische Kultur. Interkulturelle Beiträge Jugend und Schule No. 8. Amadeu Antonio Stiftung. Initiativen für Zivilgesellschaft und demokratische Kultur. http://www.amadeu-antonio-stiftung.de/w/files/pdfs/kinderrechte.pdf, Zugriff 13. Januar 2012

SchG (1983): *Schulgesetz für Baden-Württemberg.* 1. August 1983. http://www.landesrecht-bw.de/jportal/?quelle=jlink&query=SchulG+BW&psml=bsbawueprod.psml&max=true&aiz=true, Zugriff am 30. Januar 2012

Schleef, Hella (2012): *Interview mit Hella Schleef, Kinder- und Jugendbüro Steglitz-Zehlendorf e. V.* 20. Februar 2012.

SchoG (1996): *Gesetz zur Ordnung des Schulwesens im Saarland.* In der Fassung der Bekanntmachung vom 21. August 1996. http://www.saarland.de/dokumente/thema_justiz/223-2.pdf, Zugriff am 30. Januar 2012

SchulG (2004): *Schulgesetz für das Land Berlin.* 26. Januar 2004. http://www.berlin.de/imperia/md/content/sen-bildung/rechtsvorschriften/schulgesetz.pdf?start&ts=1303211502&file=schulgesetz.pdf, Zugriff am 28. Januar 2012

SchulG (2005): *Schulgesetz für das Land Nordrhein-Westfalen.* 15. Februar 2005. http://www.schulministerium.nrw.de/BP/Schulrecht/Gesetze/Schulgesetz.pdf, Zugriff am 28. Januar 2012

SchulG (2007): *Schleswig-Holsteinisches Schulgesetz.* 24. Januar 2007. http://www.gesetze-rechtsprechung.sh.juris.de/jportal/?quelle=jlink&query=SchulG+SH&psml=bsshoprod.psml&max=true&aiz=true, Zugriff am 23. Januar 2012

SchulG LSA (2005): *Schulgesetz des Landes Sachsen-Anhalt.* 01. August 2005. http://www.mk-intern.bildung-lsa.de/Bildung/ge-schulgesetz.pdf, Zugriff am 28. Januar 2012

SchulG M-V (2010): *Schulgesetz für das Land Mecklenburg-Vorpommern.* In der Fassung vom 10. September 2010. http://www.schulwesen-mv.de/schulgesetz-m-v/teil-1/index.html#0337029ba0137680b, Zugriff am 28. Januar 2012

SchulG RP (2004): *Rheinland-pfälzisches Schulgesetz.* 30. März 2004. http://landesrecht.rlp.de/jportal/portal/t/1nhc/page/bsrlpprod.psml;jsessionid=76466A302E8A7C294A1D6F69EF0A7E0E.jp54?pid=Dokumentanzeige&showdoccase=1&js_peid=Trefferliste&documentnumber=1&numberofresults=1&fromdoctodoc=yes&doc.id=jlr-SchulGRP2004rahmen&doc.part=X&doc.price=0.0#focuspoint, Zugriff am 30. Januar 2012

SchulG SN (2004): *Schulgesetz für den Freistaat Sachsen.* 16. Juli 2004. http://www.bszet.de/dokumente-fs/schulgesetz.pdf, Zugriff am 30. Januar 2012

Thies, Barbara (2011): *Kinderrechte im Unterricht erfahrbar machen.* Ansatzpunkte zur Gestaltung von Lehr-Lern-Prozessen. In: Sachunterricht 1/2011. http://www.oldenbourg-klick.de/zeitschriften/grundschulunterricht/shop/view/einzelhefte/details/artikelnummer/gsus201101/, Zugriff am 07. Januar 2012

ThürSchulG (1993): *Thüringer Schulgesetz.* 06. August 1993. http://www.thueringen.de/th2/tmbwk/bildung/schulwesen/rechtsgrundlagen/gesetze/schulgesetz, Zugriff am 30. Januar 2012

Turek, Elisabeth (2006): *SchulKompass Österreich – Menschenrechtsbildung in der Schule.* Zentrum Polis – Politik lernen in der Schule. Wien. http://www.politik-lernen.at/site/gratisshop/shop.item/105658.html, Zugriff am 14. Januar 2012

UNTC (2012): *Chapter IV Human Rights 11. Convention on the Rights of the Child.* United Nations Treaty Collection. http://treaties.un.org/Pages/ViewDetails.aspx?src=TREATY&mtdsg_no=IV-11&chapter=4&lang=en, Zugriff am 03. Februar 2012

VdFT (1993): *Verfassung des Freistaats Thüringen.* 25. Oktober 1993. http://www.landtag.thueringen.de/apps/Publikationen/pic/pubdownload3.pdf, Zugriff am 30. Januar 2012

Wetzel, Jens (2007): *Methodenpool für die Menschenrechtsbildung".* amnesty international. Chemnitz. http://www.amnesty.de/de/2910/download_materialien/pdf/Mappe_MRB.pdf, Zugriff am 13. Januar 2012

Auszüge aus dem Interview mit Katja Demlan

Fortbildnerin an einem Lehrerbildungsinstitut in einem ostdeutschen Bundesland

[...]

Demlan: Dort unterrichte ich jetzt nur noch Ethik, Und genau das ist wahrscheinlich auch der Punkt, Ethik, warum ich mit Ihrer Fragestellung ein bisschen was anfangen kann, weil das Thema Gerechtigkeit und Menschenrechte, ich sag jetzt einfach mal ganz allgemein Menschenrechte, die Kinderrechte sind ja damit durchaus im Zusammenhang, das ist Thema im Ethikunterricht. In den Doppeljahrgängen, auch im neuen Lehrplan der Sekundarschule, im Lehrplan der Grundschule und auch in den Rahmenrichtlinien des Gymnasiums. Das heißt die Thematik wird in unterschiedlichen Zusammenhängen immer wieder angesprochen. Und auch das Thema Kinderrechte kommt da zur Sprache. Ich kann also nur für mein Fach Ethik im Moment sprechen und ich habe hier in der Zeit im Institut vier Jahre lang Weiterbildungskurse geleitet, in denen Grundschul- und Förderschulkolleginnen und auch Kollegen, die bereits im Dienst sind, eine zusätzliche Qualifizierung gemacht haben im Fach Ethik. Und im Rahmen dieser Weiterbildungskurse, die über ein ganzes Jahr, also über zwei Semester gelaufen sind, habe ich also die verschiedenen Themen, die im Ethikunterricht der Grundschule, der Förderschule, aber letztendlich übertragbar in allen Schulen wichtig sind, diese Themen mit den Kollegen besprochen. Und ein wichtiges Thema war Gerechtigkeit bis hin dann zu Menschenrechten und Kinderrechten. [...]

Krause: Jetzt haben Sie sich ja selber entschieden für Ethik fortzubilden oder weiterzubilden und haben da sicherlich dann noch mal ein ganzes Studium absolviert.

Demlan: Für diese Arbeit hier als Fortbildende nicht.

Krause: Aber, dass Sie als Lehrkraft für den Bereich...

Demlan: Ja, da habe ich dreieinhalb Jahre berufsbegleitend noch mal studiert. Also von 95 bis 98, Prüfungssemester war dann 98.

Krause: Und haben Sie da, sind Sie da speziell auch mit Menschen- und Kinderrechten schon in Kontakt gekommen? War das ein Schwerpunkt ihres Studiums?

Demlan: Während des Studiums nicht, nein.

Krause: Und haben Sie sich dann, weil das ja die Rahmenlehrpläne hier mit vorgeben oder das zumindest ein Teil darstellt noch einmal speziell dazu etwas angeeignet, um diesen Bereich unterrichten zu können?

Demlan: Ich habe im Vorfeld auf diese, um auf diese Thematik auch so ein bisschen mich, ja vorzubereiten, natürlich eine ganze Menge Dinge gelesen, die an Materialien vorhanden sind. Wir haben sehr gute Unterrichtsmaterialien, aber ich habe eine Fortbildung gehabt mit zwei Mitarbeiterinnen des Instituts für Menschenrechte[171]. [...] Und wir haben also eine gemeinsame Veranstaltung hier gemacht. Das muss aber schon 2006/2007 gewesen sein, legen Sie mich jetzt nicht ganz genau fest, müsste ich nachgucken. Und im Rahmen dieser Veranstaltung habe ich ganz viele interessante Informationen, vor allen Dingen auch was die Materialien dieses Instituts angeht, bekommen und damit auch in meinen Weiterbildungskursen gearbeitet. Das heißt viele Ideen, die ich da übernommen habe, auch was die Kolleginnen mit uns in dieser Veranstaltung gemacht haben, habe ich verwendet [...]. Das erste in dem ich mitgemacht habe, da ging es um Demokratisierung der Schulen, da habe ich eben auch Ideen dieser beiden Kolleginnen mit umgesetzt in meiner Übungseinheit, die ich da vorstellen sollte. So dass also das für mich schon gegenwärtig ist, was ich hier erfahren habe und worüber ich mich natürlich auch was das Leben angeht, weiter informiere. Ich habe auch ganz viele Dinge von ihr zugeschickt bekommen, was so an zusätzlichen Sachen noch war. Und wenn es solche Institute gibt, sollte man sie nutzen.

Krause: Ja, richtig, genau. Haben Sie so ungefähr im Kopf, wie viele Fortbildungen in dem Ethik-, in dem Menschenrechtsbereich Sie jetzt in den Jahren hier angeboten und durchgeführt haben?

Demlan: In dem Menschenrechtsbereich angeboten habe ich seitdem ich hier bin, was jetzt Fortbildungen angeht, zwei, wovon leider nur eine stattgefunden hat, die besagte. Die andere musste leider mangels Beteiligung ausfallen. Aber in diesen vier Weiterbildungslehrgängen, die ich gemacht habe, ist das jedes Jahr Thema gewesen.

Krause: Können Sie zu den, also wie groß die Veranstaltung sind, also von den Teilnehmerstärken und zu den Geschlechterverhältnis etwas sagen?

---

171 Gemeint ist das Deutsche Institut für Menschenrechte mit Sitz in Berlin.

Demlan: Diese Fortbildung, das ist natürlich jetzt aus der Erinnerung vielleicht nicht hundertprozentig, aber das waren zwischen sechzehn und zwanzig Teilnehmer. Und bei den Weiterbildungskursen, die waren unterschiedlich stark, aber im Durchschnitt sechzehn Kollegen. Also mal waren es nur vierzehn, einmal waren es achtzehn, so ungefähr um den Dreh. Also diese Anzahl Kurse sind es gewesen. Das andere, wie gesagt, leider musste ausfallen. [...]

Krause: Und sind diese Kurse, die Sie gegeben haben, waren die obligatorisch oder fakultativ? Also gab es sozusagen um für die Lehrerinnen und, ja Mehrzahl waren es ja Lehrerinnen, die sich dafür entschieden haben, war das ein notwendiger Schritt, um in ihrer jeweiligen beruflichen Entwicklung vorwärts zu kommen oder waren das freiwillige Entscheidungen, weil sie am Thema interessiert waren oder aus anderen Dingen?

Demlan: Fortbildungen sind grundsätzlich Entscheidungen, die nur aus dem Interesse heraus entstehen. Und die Kollegen kommen hin, Weiterbildung ist ja tatsächlich eine zusätzliche Qualifizierung in dem Beruf. So wie ich eben mein berufsbegleitendes Studium gemacht habe. Das heißt die Kollegen haben gesagt, wir wollen jetzt auch Ethiklehrer werden, diesen Kurs belegt und im Rahmen dieses Kurses sind alle diese Themen behandelt worden. Sie hatten jetzt also da keine Chance durchzubrechen, aber hätten es glaube ich auch nicht gewollt. Das heißt die Kollegen die da waren, die mussten alle diese Themen durchlaufen, Freiheit und Freundschaft und Gerechtigkeit und dann eben diese Dinge, die da rein gehören.

Krause: Aber die Entscheidung diesen Kurs grundsätzlich zu belegen war freiwillig?

Demlan: Die war freiwillig, natürlich. [...] Ja das, wer das nicht will, muss das nicht machen. Ich kann Ethik nicht unterrichten, wenn ich da kein Interesse für habe. Das geht bei keinem Fach, aber dem Fach, wo es auch sowohl um eine Vertrauensbasis geht, ja zwischen Schülern und Lehrern, und wo Dinge zur Sprache kommen, wo ich selbst auch von mir so ein bisschen was preis gebe oder selber auch ein bestimmte Position haben muss, das kann ich einfach nicht machen, wenn ich das, wenn ich dazu gezwungen werde. Dann stehe ich da nicht dahinter, das geht nicht. [...]

Krause: M-hm. Okay. Haben Sie zu den Kollegen, die Sie da weitergebildet haben, jetzt noch Kontakt?

Demlan: Ab und zu, die kommen zu Fortbildungsveranstaltungen, weil sie einfach an dem Thema nach wie vor Freude haben, wenn sie das denn genehmigt bekommen, das ist immer schwierig mit den Freistellungen. Mit manchen auch so per Mail oder so und das ist eine Sache, die ich sehr angenehm finde, zumal wenn ich dann auch von Kollegen höre, das es richtig gut war, was wir gemacht haben. Davon profitiere ich noch beziehungsweise da hätte ich ganz gerne noch ein bisschen mehr oder so. Weil ich das Gefühl gehabt habe, dass eine Jahr ist sowieso zu wenig für alles, was wir hätten machen können. Aber doch, ja, ein bisschen schon noch.

Krause: M-hm. Darauf wollte ich nämlich hinaus sozusagen, also man merkt jetzt im Nachhinein auch, dass das im Unterricht ankommt, dass das Anwendung findet.

Demlan: Genau, m-hm.

Krause: Und können Sie auch sagen, ob das jetzt im Rahmen der Schulkultur oder Schulprofilbildung vielleicht einen Einfluss nimmt?

Demlan: Das kann ich schlecht einschätzen. Also ich weiß, dass die Kollegen diese Dinge, die wir in dem Weiterbildungskurs eingeübt haben, die ich ihnen vorgestellt habe, die wir gemeinsam gemacht haben, dass die zum großen Teil das umsetzen, aber wie weit das mit Schulkultur nachher zu tun hat, weiß ich nicht. Es gibt sicher Schulen, die also schon dieses Demokratieprojekt ja an ihren Schulen etabliert haben und praktizieren, aber wie weit das mit der Ausbildung zusammen hängt, das kann ich nicht sagen, das weiß ich nicht. [...]

Krause: Ist das berufsbegleitend oder waren die Lehrkräfte für das Jahr Weiterbildungskurs befreit?

Demlan: Nein, nein, berufsbegleitend.

Krause: Wie viele Stunden waren denn der Umfang?

Demlan: Die haben einen Tag in der Woche, das sind zweihundert Stunden circa gewesen, ich habe es meistens bei 230 Stunden Weiterbildungskurs gehabt, wie gesagt ein Jahr lang, einen Tag in der Woche und ansonsten waren sie arbeiten.

Krause: Okay, m-hm.

Demlan: Und nach diesem bisschen philosophischen Einstieg dann auch über Gerechtigkeitsprinzipien, ja jedem das Gleiche, jedem das Seine, sind dann verschiedene Sachen besprochen worden, um überhaupt Begrifflichkeiten zu klären, die wir so selbstverständlich verwenden, die aber irgendwie auch mal so ein bisschen in Zusammenhang gebracht werden müssen. Anhand von Beispielen, die sowohl auch mit Schülern gemacht werden können, wie es eben zum Beispiel über die Verteilungsgerechtigkeit aussieht und wie das in einer Familie aussehen könnte? Bis hin zu der Frage Rechte und Gerechtigkeit, ist das das Gleiche? Ist alles gerecht, was Recht ist? Mit den Kollegen dann über „Das Heinz-Dilemma“ mit Dilemma-Geschichten, die Kohlberg[172]-Pyramide sagt Ihnen sicherlich was, das Kohlberg-Schema, zu klären über Rechtsfälle bis hin zum Strafrecht, weil auch da Recht und Gerechtigkeit eine Rolle spielt und dann nachdem wir also diese Dinge vorbetrachtend gemacht haben, auch die verschiedenen Straftheorien versucht haben zu klären, bis hin über die Diskussion über Todesstrafe, dann kommt der Punkt Menschenrechte und Kinderrechte. Wo den Kollegen erst einmal diese Menschenrechte vorgestellt werden und die Kinderrechte, wie sie in einem, in der, also in Auszügen, es ist nicht vollständig, vollständig wird dann verwiesen, wo sie zu finden sind und um damit zu arbeiten. Erst mal wird geklärt, dass das nicht positives Recht ist, dass das zwar auf dem Papier steht und dass viele Staaten dem zugestimmt haben, aber dass es leider immer noch nicht so ganz einklagbar ist. Und an der Kopie der Kinderrechte arbeite ich dann mit den Kollegen oder habe ich mit den Kollegen gearbeitet und ich weiß, dass viele Kollegen das mit den Schulen auch machen, dass dann diese Rechte erst mal besprochen wurden, welche Rechte sind da überhaupt erfasst. Dass die Kollegen zehn für sie wichtige Gesetze raussuchen oder Rechte raussuchen sollten, diese dann auf kleine Säckchen schreiben. [...]

Krause: Ja, okay.

Demlan: Und dann wird an diesen Ballon unsere zehn Sandsäckchen gehängt, kann man mit Schülern sehr wohl auch gut machen und dann gehen wir, also der ist jetzt so, schon ein paar Jahre alt, aber ich denke mal er funktioniert noch, und dann sind wir auf Ballonfahrt gegangen und mussten dann immer mal irgendwelche Hindernisse umschiffen und Gewicht abwerfen. Ziel dabei ist den Schülern deutlich zu machen, wir müssen uns jetzt hier von einem Recht trennen. Wir haben vorher schon ein paar weg tun müssen, weil wir nur zehn überhaupt mit an Bord nehmen durften, die uns die wichtigsten waren und jetzt plötzlich müssen wir uns von einigen Rechten trennen, erst mal von einem und es geht

172 Prof. Lawrence Kohlberg gilt als Begründer der Stufentheorie der Moralentwicklung.

vor allen Dingen darum, dass die Kinder lernen zu argumentieren, warum irgendetwas so wichtig ist, dass es nicht weggegeben werden kann beziehungsweise warum man sich vielleicht von einem trennen kann. Das wird richtig schwierig, weil ja nachher zum Schluss nach Möglichkeit nur noch eins über bleiben sollte.

Krause: M-hm.

Demlan: Und ganz schwierig ist eine Klasse, die also schon ganz bösartig werden oder sich überhaupt nicht trennen kann, man auch am Ende mit drei Säckchen ins Ziel kommt, aber es geht schon darum zu sehen, was steckt hinter diesem Recht, warum ist mir das so wichtig? Und auf diese Weise bleibt es einfach auch besser haften. […]

Krause: Gibt es da, kann man da erkennen zwischen den verschiedenen Schulen und Klassen, ob es immer dieselben Rechte sind, die am Ende sozusagen ins Ziel kommen oder ist das unterschiedlich?

Demlan: Das ist, hängt schon auch so ein bisschen von der Klasse ab. In der einen Klasse blieb, weil ein Junge, der war, das ging gar nicht, Recht auf Essen aufzugeben, der war auch ein bisschen kräftiger und er war so überzeugend in seiner Argumentation, dass die anderen dann meinte, naja okay, dann lassen wir das Essen halt doch bis zum Schluss. Während das in einer anderen Klasse schon anders läuft, also das hängt so ein bisschen von der Zusammenstellung der Schüler ab, wer ist gut überzeugend mit bestimmten Dingen und da gehen schon die Diskussionen heftige Wege, weil sie eben bestimmte Sachen gar nicht loswerden wollen. Die Schüler haben im Anschluss dann daran natürlich ihren eigenen Ballon mit ihren Rechten noch mal, damit die dann wieder da sind, also wir wollen die ja nicht für immer dann los werden, aber wichtig in dieser Art der Vermittlung ist zumindest so, wie wir es verstehen, die Auseinandersetzung mit den Inhalten und auch die Bedeutsamkeit, die sie für mich haben. Und wovon könnte ich mich denn schweren Herzens noch am ehesten trennen beziehungsweise gar nicht trennen? Das sind die Dinge, die wir so machen.

Krause: Gibt es denn einen Unterschied, wenn die Lehrkräfte dieses Spiel machen und die Schüler?

Demlan: Nein.

Krause: Also es ist immer sehr…

Demlan: Das ist relativ ähnlich und auch die Kollegen, die da sind, das Thema Gerechtigkeit ist ja nicht gleich am Anfang. Wir haben also zu Beginn schon so einige Dinge, was den Ethikunterricht angeht, besprochen, wir haben schon einiges erarbeitet, unter anderem auch Identitätsfindung und verschiedene Sachen schon gemacht, das heißt diese Gruppe ist schon einige Wochen zusammen und die sind schon recht vertraut miteinander, die kennen sich, die kennen auch so ihre feinen Eigenheiten und sie wissen vor allen Dingen auch, dass sie in dieser Runde auch so ein bisschen versuchen sollen, sich vorzustellen, wie ist das, wenn Schüler das jetzt machen oder wenn ich das mache. Und das läuft ganz ähnlich. Das ist ganz, ganz heftig dann, wir können doch das jetzt aber nicht aufgeben, das geht doch gar nicht und stellt euch doch mal vor und dann ging das da hin und her und ich habe dann immer nur gedrängelt, ja aber der Schornstein kommt immer näher, wenn wir uns jetzt nicht bald entscheiden, dann fallen wir hier alle aus dem Ballon und dann sind wir alle nicht mehr da. Weil ich glaube das ist so, ja es steht hier, es hört sich gut an, sind ganz tolle Rechte, aber wenn ich sie deutlich machen will, muss ich gerade für Kinder, die jünger sind, das ein bisschen bildlich machen in dieser Weise. Und ich habe das mit sechsten Klassen gemacht, das sie, gut das war jetzt nur für die Kollegen in Grund- oder Förderschule, wobei die Förderschulkinder ja auch älter sind, als die Grundschulkinder allgemein.

Krause: M-hm. Okay.

Demlan: Gut.

Krause: Merken Sie da von der Interessenlage sozusagen, wie die Kinder dabei sind, ist das für sie, für die Kids was anderes, als Vokabeln lernen oder Mathematik oder so? Merken sie, dass es da halt auch um einen anderen Bereich geht?

Demlan: Ich denke schon. Ja, ich denke schon, dadurch dass gerade was dieses Fach Ethik angeht, dass sowie generell ein bisschen anders läuft, weil einfach ihre eigene Meinung immer gefragt ist und bestimmte Dinge auch hinterfragt werden dürfen und sollen. Und nicht einfach das ist so und jetzt diskutiert hier nicht, ja zwei plus zwei ist vier, ob ihr das jetzt wollt oder nicht, aber bei uns ist das halt eben in diesem Fach ein bisschen anders. Wenn es darum geht, dass ich mit Kindern so ins Philosophieren geraten soll oder sie darauf so ein bisschen vorbereiten soll, dann geht es eben einfach so, dass ich meinen Gedanken freien Lauf lassen kann und dass das voll in Ordnung ist.

Krause: M-hm. Können Sie ungefähr eine Angabe machen, wie viel vom zeitlichen Umfang dieser Bereich Menschen- und Kinderrechte innerhalb dieses Weiterbildungskurses hat?

Demlan: Innerhalb dieses Weiterbildungskurses waren das zwei Tagesveranstaltungen, also im Prinzip 16 Stunden innerhalb dieser, weil das letzten Endes so voll gepackt mit Inhalten ist, ist das leider nicht mehr.

Krause: Ja.

Demlan: Gemacht hätte ich gerne mehr, aber das habe ich Ihnen ja schon gesagt, das ist mit diesen 200 Stunden Kursen so voll gepackt, dass es da ein bisschen schwierig wird, für alles so viel Zeit zu nehmen.

Krause: Ja.

Demlan: Zumal viele Kollegen wirklich bei vielen Themen das erste Mal Kontakt haben und wenn es dann eben im Rahmen dieses Kurses auch zu den Weltreligionen geht und wir dann über Judentum, über den Islam und dann ich feststellen musste, dass es wirklich Kollegen gibt, die sich damit noch nie beschäftigt haben, weil sie damit nie konfrontiert wurden. Dann muss ich da viel mehr machen, da die Kollegen das ja vermitteln sollen und sie brauchen ja schon ein bisschen eine Grundlage dafür. […] Und deshalb, irgendwo muss dann geklärt werden, okay für dieses Thema habe ich nur, für Freundschaft habe ich nur eine Tagesveranstaltung, für Glück habe ich nur eine und so und dann eben mit den Rechten und den Kinderrechten. Also nicht ausschließlich Kinderrechten, sondern das gesamte Thema Gerechtigkeit, wo also Kinderrecht die Rolle spielt. Bis hin zu diesen, wenn wir das dann gemacht haben, mit dieser Ballonfahrt, dann komme ich grundsätzlich erst mal einiges zu den entwicklungspsychologischen Grundlagen, wie Kinder überhaupt mit Rechten umgehen können. Wie also die Entwicklungsstufen der Schüler oder Kinder sind. Ab wann sie eben tatsächlich eine eigene Moral entwickeln, ein eigenes Gerechtigkeitsempfinden und dann wird von mir vorgeschlagen, dass mit Dilemma-Geschichten gearbeitet werden kann, die ja sich recht gut eignen, aber die natürlich auch nicht über Gebühr strapaziert werden dürfen, das ist klar. Bis hin dann zu einer Sache, die von Frau Prof. Brüning[173] gemacht wurde, dieses Gruppengespräch. Oder eine Torte mitgebracht wird und die Kinder dann aufteilen und wie das nun verteilt werden kann. Sachen, die man für Schüler sehr wohl plastisch machen kann.

173 Prof. Dr. Barbara Brüning forscht zum Ethik- und Philosophieunterricht.

Krause: M-hm.

Demlan: Und hat denn wirklich jedes Kind den Anspruch auf das gleiche Stück oder nicht? Ich habe sie doch mitgebracht und könnte ich auch zwei Stücke kriegen und so weiter und so fort. Gut, also das war in ganz Kurzform, ich meine das sind so Haufen Sachen, die jetzt meine Materialien sind noch, aber ist das, was ich an diesen Stellen gemacht habe und von dem ich glaube, dass das auch gut gelaufen ist.

Krause: M-hm. Wie schätzen Sie denn die Vorkenntnisse ein? [...] Aber ist das bekannt, dass es einen eigenen Menschenrechtsvertrag für Kinder gibt?

Demlan: Ja. Ja. Das ist doch relativ vielen bekannt, jetzt nicht der komplette Wortlaut und nicht alles, was drinnen steht, aber das es neben den Menschenrechten auch eine Kinderrechtskonvention gibt, das kennen viele. Letztendlich vielleicht wieder nicht alle, das kann ich nicht sagen, aber es ist durchaus bekannt. Was im Einzelnen drinnen steht, wahrscheinlich nicht. Also ich könnte die auch nicht alle jetzt hier aus dem Kopf sagen.

Krause: M-hm. Ne, muss man ja auch nicht, also ich glaube ich auch nicht.

Demlan: Manchmal muss man nur wissen, wo es steht, glaube ich.

Krause: Ja, genau. Und gibt es Diskussionen, wo das Team dann darüber diskutiert, ob das sinnvoll ist oder wird das gar nicht in Frage gestellt? Oder gibt es, weiß ich nicht, wird darüber debattiert sozusagen, ob das notwendig ist, einen Kinderrechtsvertrag zu haben? Oder überhaupt oder über einzelne Bestandteile oder wird das als, wird das akzeptiert und hingenommen?

Demlan: Ich denke das wurde als völlig selbstverständlich hingenommen. Wenn es denn Menschenrechte gibt, es muss einfach auch Kinderrechte geben, wenn es solche Situationen wie Kinderarbeit, wie Kindersoldaten, wie Vernachlässigung von Kindern und so weiter und so fort gibt, damit ist, da hat es an sich nie eine Frage gegeben, warum jetzt noch Kinderrechte? Das war von vornherein klar, die Menschenrechte das ist eine tolle Sache, aber für Kinder muss speziell noch einiges mehr passieren. Da gehören noch ein bisschen deutlicher die Sachen rein. Ne, da gab es keine Diskussion.

Krause: Und in die andere Richtung dann vielleicht, wird das als ausreichend erachtet, was dort geregelt ist oder ist das so eine Diskussion, dass man ja, das ist schön und gut, aber in der Umsetzung oder so hilft uns das nicht wirklich weiter oder man müsste das präzisieren oder?

Demlan: Die Diskussion, die an die ich mich erinnere, ging meistens dahin, dass sind so tolle Rechte, Menschenrechte wie Kinderrechte, warum sind die verdammt noch mal nicht positives Recht? Warum kann ich die nicht einklagen? Das ist der Schwerpunkt der Diskussion gewesen, dass es nach wie vor so schwer zu verstehen ist, warum das nicht einklagbar sein kann. Warum ich also immer noch sage, ja ich appelliere an diese Dinge. Was anderes eigentlich eher nicht, sondern wirklich diese Einklagbarkeit beziehungsweise dieses ja, es ist positives Recht. […]

Krause: Wenn Sie so an Schule insgesamt, vielleicht auch an Kindertagesstätten und so weiter denken, haben Sie das Gefühl, dass die Kinderrechtskonvention über alle, über das gesamte pädagogische Personal bekannt ist?

Demlan: Das weiß ich nicht. Also ich kann mir vorstellen, dass es an den Schulen sehr wohl bekannt ist. Vielleicht auch an den Kindergräten, aber das kann ich nicht wirklich einschätzen. Da bin ich nicht jemand, der das tatsächlich sagen kann. Ich würde mir wünschen, dass es so ist, aber ich bin mir nicht sicher, ob es tatsächlich allen bekannt ist. Wobei Menschen- und Kinderrechtskonventionen ja häufig auch in den Medien, zumindest erwähnt werden, so dass ich davon ausgehe, dass man davon schon gehört haben müsste, aber das kann ich Ihnen nicht genau sagen. […]

Krause: Also würden Sie jetzt nicht sagen, dass das in ihrem Bundesland irgendwie einen größeren Verbreitungs- oder Bekanntheitsgrad hat, als in anderen Bundesländern?

Demlan: Glaube ich nicht, also wir sind da keine Vorreiter, wir haben da, also das glaube ich nicht. [...] Das kann ich Ihnen gar nicht beantworten, ich weiß nur, dass es ganz ausdrücklich eben in den Rahmenrichtlinien und Lehrplänen vom Ethikunterricht drinnen enthalten ist, dass da die Menschenrechte drinnen sind. Dass es diese Diskussion gegeben hat, dass wir einen Staatssekretär, der vorhergehende Staatssekretär hat mit der, was das Thema Ethikunterrichtsfach flächendeckend abdecken, das sehr wichtig fand, der also sich sehr eingesetzt hat, dass diese Dinge passieren und der wahrscheinlich auch federführend so ein bisschen, was die Inhalte anging, beteiligt gewesen ist. Und ich könnte mir vorstellen, dass das damit vielleicht in irgendeiner Weise zu tun hat, aber was da eventuell politisch noch an Hintergründen war, das kann ich Ihnen nicht sagen. [...]

Krause: Wissen Sie, wann das ungefähr in die Rahmenlehrpläne hinein gekommen ist?

Demlan: Die, warten Sie mal, ich schau mal ganz kurz. Da wird der neue Lehrplan der Grundschule ist, kurz nach der, im Jahr 2000, 2003 in den Rahmenrichtlinien für das Gymnasium waren die Menschenrechte schon enthalten, also das ist in dieser Zeit schon drinnen gewesen.

Krause: M-hm, okay.

Demlan: Und danach natürlich jetzt mit den neuen Lehrplänen immer noch.

Krause: M-hm. Wenn wir jetzt noch mal zurück gehen, das der Artikel 42 sagt, dass die Vertragsstaaten verpflichtet sind, den Kindern die Inhalte der Kinderrechtskonvention bekannt zu geben, würden Sie jetzt sagen, dass man dem nachkommt, dass das hier bei Ihnen erfüllt ist? Oder gibt es da noch Bedarf darüber hinaus, etwas zu tun?

Demlan: Also nach meinem Empfinden ist das durchaus etwas, was bei uns stattfindet, weil ich zum Beispiel weiß, dass ja in unserem ganzem Bundesland die Unterrichtsversorgung mit Ethik, ich muss jetzt immer wieder von meinem Fach anfangen, dass die inzwischen gesichert ist und wenn es für Kollegen immer noch dieses hin und her an mehreren Schulen bedeutet, aber das alle Kinder diesen Unterricht haben und in diesem Unterricht ist es definitiv verankert. Ich weiß auch, dass auch Sachkunde sich darauf bezieht an den Grundschulen und ich weiß auch, dass in Sozialkunde, in den weiterführenden Schulen, dass da die Themen und das Thema Menschenrecht, Kinderrechte auch da eine Rolle spielen. Und ich glaube doch, dass das sehr wohl thematisiert wird, wobei ich manchmal nicht ganz sicher bin, ob die Schüler sich darüber im Klaren sind, was das für eine Errungenschaft ist. Die gucken dann, okay, das Kind hat ein Recht auf Taschengeld, das ist wunderbar, das möchte ich haben, aber dass es für manche Kinder oder manche Länder wirklich wichtig ist, diese Rechte zu haben und hoffentlich irgendwann umzusetzen, dass ist manchen Kindern nicht gleich bewusst. Was Sie vorhin am Anfang gesagt hatten, das sind so Selbstverständlichkeiten, die wir nicht mehr in Frage stellen. Ja, das ich ein warmes Zuhause habe, dass ich Schulbücher habe, das ich zu Schule gehen darf und diese Dinge, die dann so ein bisschen groß zu machen, das gelingt, aber ich denke doch, dass das hier schon doch Thema ist. In welchem Umfang natürlich, das hängt auch so ein bisschen von jedem Kollegen ab, der da was macht.

Krause: M-hm, na klar. Also würden Sie schon sagen, dass die Kinder hier, dass denen zumindest unterbewusst sage ich mal…

Demlan: Der Zugang möglich ist.

Krause: Der Zugang möglich ist und dass sie aber auch irgendwie ein Bewusstsein dafür haben, dass sie selber auch Rechte haben.

Demlan: Ich denke schon, ja. Aber ich bin jetzt nicht das Statistische Bundesamt.

Auszüge aus dem Interview mit Holger Hofmann[174], Leiter der Programmabteilung, und Dominik Bär[175], Referent Kinderpolitik beim Deutschen Kindeshilfswerk[176]

[…]

Hofmann: Zu dem Kinderrechtekoffer ist es so, dass wir den seit, ja, etwas mehr als fünf Jahren an Schulen, Jugendfreizeitstätten und auch an die ein oder andere Kita vergeben und mit diesem Kinderrechtekoffer wollen wir ein Material bieten, das dazu dient, dass es dann eben im Unterricht oder auch dann in der außerschulischen Bildungsarbeit eingesetzt wird. Das ist aber auch eine Herausforderung, also da sind wir auch ganz aktuell dabei zu überlegen, wie können wir das noch mal passgenauer machen, weil wir erleben, dass es an Schule zwar im Lehrplan steht, oft wird es aber auch verstanden als etwas, was nicht bei uns stattfindet, sondern was irgendwo in der Dritten Welt stattfindet, in der so genannten Dritten Welt und dort so zu sagen die Kinderrechte verwirklicht werden müssen. Oder es wird als etwas verstanden, was letztendlich nicht darauf auch beruht, dass es darum geht, mit den Kindern auch ein Rechtsverständnis zu entwickeln. Das ist ja auch ein großes Missverständnis letztendlich auch bei den Kindern, das erleben wir immer wieder, das sie eben die Rechte als etwas sehen, was eben dann zum Tragen kommt, wenn existentiell eine Bedrohung vorliegt, das es eher aber auch ganz schlicht um viele Rechte geht, die im Alltag eine Bedeutung haben und die darüber hinaus natürlich leider auch für die Kinder nicht nur mit Rechten, sondern auch mit Pflichten verbunden sind. Das wird dann immer nicht gesehen und das ist natürlich etwas, was ich auch nicht dadurch vermitteln kann, in dem ich die einzelnen Artikel auswendig vorhersagen kann, sondern dazu muss ich mich in ein Gespräch begeben, Dilemmasituationen aufarbeiten mit den Kindern und Jugendlichen und dazu fehlt es an didaktischem Know-how auch. […]

---

174 Holger Hofmann ist Mitglied der Koordinierungsgruppe der National Coalition für die Umsetzung der UN-Konvention über die Rechte der Kinder in Deutschland.

175 Dominik Bär war als Jugendlicher in der Jugendverbandsarbeit engagiert und hat Erziehungswissenschaften studiert.

176 Das Deutsche Kinderhilfswerk ist eine überparteiliche Spenden- und Kinderrechtsorganisation, die insbesondere in den Bereichen der Beteiligung von Kindern und Jugendlichen sowie der Bekämpfung von Kinderarmut tätig ist.

Bär: Mein Schwerpunkt liegt hier auf den Verteidigungsrechten von Kindern und Jugendlichen. Und, genau Holger hat es schon gesagt, dieses Weiterbildungsprogramm ist ein Schwerpunkt, wo wir eben das Wissen zu den Kinderrechten an die Fachkräfte vornehmlich bringen wollen, damit die zu dem Thema mit den Kindern und Jugendlichen arbeiten können. Sei es über einzelne Seminare oder über längere Weiterbildungen entweder zum Thema Moderation von Beteiligungsprozessen oder zum Thema „Kinderstube der Demokratie“[177], also schon Beteiligung im Kita-Alter, das man da auch schon anfangen kann. Und wir haben jetzt auch immer wieder Anfragen aus einzelnen Bundesländern zum Thema Kinderrechte, einzelne Seminare für Lehrerinnen und Lehrer anzubieten, weil es da doch auch immer wieder oder immer mehr das Bewusstsein entsteht, dass die Lehrkräfte nicht so drauf vorbereitet sind, zum Thema Kinderrechte sich auseinander zu setzen. Und wir arbeiten selbst dann auch noch direkt mit Kindern und Jugendlichen zusammen, mit unserem Bundestreffen der engagierten Kinder und Jugendlichen, wo ein Mal im Jahr immer so um die hundert Kinder und Jugendliche zusammen kommen, um sich zu einem bestimmten Recht aus der Kinderrechtskonvention auszutauschen und daraus dann auch Forderungen zu entwickeln und die an die Politik weiter zu tragen, damit sich eben in der Umsetzung der Kinderrechtskonvention hier in Deutschland auch noch was entwickelt, weil wir da aufgrund des Alters, glaube ich, der Konvention noch nicht so weit sind, wie wir sein könnten, sollten. [...]

Krause: Jetzt haben Sie schon gesagt, Herr Hofmann, dass Sie seit fünf Jahren in der Koordinierungsgruppe der National Coalition[178] mitarbeiten. Mit welchen Methoden und Ansätzen versuchen Sie die Umsetzung der Kinderrechtskonventionen voran zu treiben und als wie erfolgreich bewerten Sie diesen Prozess?

Hofmann: M-hm. Also die Koordinierungsgruppe, ich hab nur, die Koordinierungsgruppe muss man eigentlich sagen hat jetzt gar nicht so einen ganz speziellen Fokus auf das Thema Vermittlung der Kinderrechte, ne. Das ist, wenn man sich das nun so auf der Zunge zergehen lässt, fragt man sich, warum ist das eigentlich so? Das muss ich mich ehrlicherweise selber auch fragen oder das müssen wir uns vielleicht alle mal fragen. Wir haben uns in den letzten Jahren ganz breit mit den Kinderrechten beschäftigt. Das heißt ein ganz großes Thema, was natürlich ein Stück weit auch mit dem Thema Vermittlung und Artikel 42 zu-

177 „Kinderstube der Demokratie“ war ein Modellprojekt der Landesregierung Schleswig-Holstein zur Förderung von Demokratieprozessen in Kindertagesstätten.

178 Die National Coalition für die Umsetzung der UN-Konvention über die Rechte der Kinder ist ein Zusammenschluss von 110 bundesweit tätigen Initiativen und Organisationen zur Umsetzung und Bekanntmachung der Konvention.

sammen hängt, ist das Thema Monitoring von Kinderrechten. Wo es ja letztendlich auch drum geht, wer erfüllt welche Aufgaben in dem Bereich und wie können die Kinderrechte eben, hier allerdings auch alle dann gemeint, auch eingehalten werden? Es gab eine große Veranstaltung, die man im Grunde direkt subsumieren kann unter die Vermittlung der Kinderrechte und die nannte sich Nationale Konferenz über die Rechte des Kindes und diese Nationale Konferenz hatte eben zum Ziel, ähnlich eines Club of Rome[179], Menschen zusammen zu bringen, die sagen Kinderrechte müssen in der Gesellschaft einen höheren Stellenwert bekommen. Wir hatten diese Veranstaltung so konzipiert, das auch Kinder und Jugendliche selber beteiligt sind und sich dann zunächst für sich, aber eben in der zweiten Phase auch gemeinsam mit den Erwachsenen darüber Gedanken machen, wie das umgesetzt werden kann. Das war natürlich auch eine besondere Veranstaltung. Es ist, muss man reflektierend betrachtet sagen, bedingt gelungen, Menschen des öffentlichen Lebens zu gewinnen. Unser Ziel war gar nicht so sehr die Politik zu gewinnen, sondern tatsächlich, ja die Verleger und Unternehmer. Bei diesen beiden Gruppen hätte ich mir mehr Resonanz gewünscht. Da ist es nicht so gelungen, das auch, ja das Thema dort so zu verankern. Woran es jetzt lag ist immer schwer zu sagen, ja, aber das wäre natürlich eine Zielstellung, um auch Kinderrechte in der Gesellschaft einen anderen Stellenwert zu geben, Entscheidungsträger in der Gesellschaft damit zu konfrontieren und eben auch die Bedeutung bewusst zu machen, ne.

Krause: Wie kann jetzt aus Sicht des DKHW die Bekanntmachung der Kinderrechtskonvention funktionieren? Also welche Wege könnten oder sollten da beschritten werden?

Bär: Also meiner Meinung nach ist wirklich die Schule auch ein ganz wichtiger Weg, wo es aber im Moment noch Defizite gibt. Wir haben Kontakt da mit einer Aktivistin aus Nordrhein-Westfalen, die es in Nordrhein-Westfalen schon geschafft hat, über eine Petition zu erreichen, das die Kinderrechte verpflichtend in den Lehrplan aufgenommen werden und die hat dann eben auch in allen anderen Bundesländern Petitionen eingereicht, weil sie auch auf eigener Recherche festgestellt hat, dass es in den wenigsten Bundesländern verpflichtendes Thema im Unterricht ist. Und das wäre natürlich ein erster Schritt, dass die Kinderrechte da verpflichtend aufgenommen werden und dann auch im Unterricht entsprechend behandelt werden. Im Moment ist es aus meiner Erfahrung so, das meistens die Auseinandersetzungen noch eher mit externen Kooperationspartnern stattfindet.

179 Der „Club of Rome“ ist eine 1968 gegründete Vereinigung von Wissenschaftlern, Künstlern und Politikern mit dem Ziel einer nachhaltigen Entwicklung der Welt.

Dass dann Projekte sich an die Schule geholt werden, also zum Beispiel Kinder- und Jugendbüros oder so was, die dann zum Thema Kinderrechte was machen, was aber wenig mit dem schulischen Alltag, dem Unterricht verbunden werden kann. Also da ist, glaube ich, auch noch so ein Wandel in der Haltung und in der Pädagogik, in der Schule auch gefragt. Anderer Schwerpunkt, wo immer wieder drauf hingewiesen wird, besonders vom Deutschen Institut für Menschenrechte ist, das die Kinderrechte auch bei den Juristen nicht bekannt sind. Deshalb in Urteilen sich viel, viel zu wenig drauf berufen wird. Wir hatten selbst mal hier eine interne Erhebung gemacht, dass in einem einstelligen Prozentbereich bei öffentlichen Straf- oder öffentlichen Gerichtsverfahren sich auf die Kinderrechte berufen wird. Da ist jetzt der Familiengerichtsbereich natürlich rausgenommen, der wahrscheinlich einen ganz großen Schwerpunkt ausmachen würde auch, aber Kinderrechte gehen ja auch über den familiären Bereich hinaus. Und da sieht man einfach, dass es gerade auch, sowohl bei Anwälten, Staatsanwälten und Richtern auch viel zu wenig bekannt ist, die Kinderrechtskonvention, einfach dadurch, dass sie, ja dieses Vertragswerk zwar Bundesgesetzcharakter hat, aber eben nicht wirklich in Gesetzesform gegossen ist. Und das es nicht bekannt ist, das sie auf derselben Ebene, wie ein Bundesgesetz anzusiedeln ist.

Hofmann: Was aus meiner Sicht wichtig ist, ist das wir mehr Kontinuität bekommen in der Vermittlung der Kinderrechte. Wir haben es im Lehrplan stehen, in der Regel relativ spät, ja. Dann auch teilweise verpackt noch mal unter Menschenrechte.

Bär: Und verpackt auf internationalen Blick auch wieder, also dann geht es wieder um die Dritte Welt Perspektive, dann aufgemacht und nur da problematisiert.

Hofmann: Ja, genau und wie gesagt, es geht letztendlich ja auch bei einem, also es müsste eigentlich darum gehen, auch über das Thema Kinderrechte ein Rechtsverständnis den Kindern und Jugendlichen zu vermitteln. Wenn ich mal so ganz praktisch aus der eigenen Arbeit, ich habe selber lange an einer Schule gearbeitet, als Schulsozialarbeiter, und hab dort auch versucht mit Kinderrechten zu arbeiten und habe festgestellt, es führt zu nichts, wenn man nicht sagt hier, das und das sind die Kinderrechte und das und das kann man damit anfangen. Das ist dann etwas, was Kinder aufnehmen als, ja okay, entweder betrifft es mich nicht, das betrifft dann eben nur Kinder, die besonders arm sind oder geschlagen werden oder Hunger haben oder Folgen auf der Flucht oder Vertreibung bedroht sind, aber es hat mit mir nichts zu tun. Und es entwickelt auch in der Regel kein Verständnis darüber, dass die Situationen, in denen Kinderrechte zum Tragen kommen, natürlich immer auch vielschichtig sind. Wenn ich allerdings mit den Kindern ran gehe und sage lasst uns doch mal eine konkrete Situation angucken, beispielsweise Vater sagt, du muss auf deine Geschwister aufpassen, du kannst nicht Hausaufgaben machen. Was hat das hier mit Kinderrechten zu tun? Ja. Und dann zu sagen, okay es sind gleich mehrere Kinderrechte berührt, vielleicht sogar das Recht auf Schutz und Geborgenheit des Geschwisterkindes. Sicherlich aber auch das Recht auf Schule. Und natürlich auch das Recht auf Ruhe, Freizeit und Spiel. Und dann auf einmal merke ich, och hoppla, das ist ja gar nicht so einfach, wie ist das denn mit diesem Recht auf Schule? Das ist ja natürlich klar verbunden mit einer Pflicht, aber und von daher natürlich, weil ich die Pflicht habe, dafür auch etwas zu tun, habe ich auch natürlich auch einen Anspruch, dass meine Interessen hier gewahrt bleiben. Und natürlich geht es dann auch darum, zu sagen, hier muss es natürlich eine Abwägung geben. Aber die Kinderrechte helfen an der Stelle auch, da den Kindern ihre Interessen zu vertreten und das macht es natürlich dann auch spannend, weil es nicht immer darum geht, eben jetzt mit einer Petition einzureichen oder im Individualbeschwerderecht einzufordern vor dem Internationalen Gerichtshof. Das sind natürlich immer Dinge, die so ganz, da dann in der Öffentlichkeit hoch gehandelt werden, die aber im Alltag kaum eine Bedeutung haben. Aber jetzt wirklich zu sagen, hier okay, die Kinderrechte helfen mir, für mich auch ein Verständnis zu entwickeln und erörtert zu haben, wo kann ich meine Interessen auch vertreten. Das wäre wichtig und das ist auch etwas, was dann auch gar nicht mehr so schwierig ist. Also wo ich nicht erst anfangen muss, in der sechsten, siebten Klasse über Kinderrechte zu reden. Das kann ich auch in der Kita machen, da kann ich auch schon anfangen und zu gucken, wie ist denn das, Mama hat gesagt, ich darf nicht auf den Baum klettern, aber ich will das Leben dieser Katze retten. So was, also gibt es da so zu sagen jetzt die da oben, oder was haben wir da oben dann, auch der Vogel, wenn der vielleicht verletzt ist, was, wie ist das denn in solchen Situationen und da sind Kinder auch voller Eifer mit dabei, weil sie die Situation kennen und darüber lernen sie letztendlich auch ihre Interessen zu vertreten und hoffentlich später auch für ihre Recht einzutreten und nicht nur in ihre Rechte, sondern natürlich auch für ihre Pflichten. Weil das gehört natürlich dazu, dass Kinder dann zunächst sagen, naja eigentlich ist das doch völlig blöde dieses Recht auf Schule, was habe ich denn davon? Ich muss doch in die Schule, aber da muss man eigentlich gar nichts zu tun, sie kommen selber drauf, in drei, vier Gedanken später, naja klar, aber irgendwo ist es natürlich auch etwas, was uns geschenkt wird, was wir auch so zu sagen nicht umsonst haben und wir haben es eben nicht umsonst, weil wir auch etwas für tun müssen. Also das sind Dinge, die dann sehr schnell sich entwickeln und da geht es letztendlich um, auch ein gesetzliches Verständnis, was viel höher anzusetzen ist, als jetzt einfach das quasi die Kinderrechte, wenn man sie vordergründig anschaut.

Krause: Jetzt haben wir schon gehört, dass sozusagen in der Schule noch Defizite liegen, aber eben auch wenn man in den Bereich Polizei, Anwalt-, Richterschaften und so hineinschaut. Tut das DKHW etwas, um diese Situation zu verändern? Und darauf aufmerksam zu machen?

Bär: Ja, wir versuchen es natürlich dort, wo wir diese Gruppen erreichen können. Ich sage mal, wir haben eine Kampagne „Kinderrechte ins Grundgesetz", wo wir dann auch ganz konkret den Deutschen Anwaltsverein angesprochen haben, um auch mit ihm gemeinsam hier eine Position zu beziehen. Das war dann auch eine sehr interessante Auseinandersetzung, weil natürlich Juristen immer so ihre Prinzipien haben, die so etwas ablehnen von denen, die aus der Pädagogik kommen und ich sage mal aus er politischen Lobbyarbeit für Kinderrechte, weil sie Kinderrechte natürlich immer als etwas sehen, was nur ein Teil der Ansprüche unterschiedlicher Gruppen ist und gleichzeitig auch das Bedürfnis dann alle möglichen Interessen sehr, sehr schlank zu halten. Entsprechend auch die Verfassung schlank zu halten und hier aber gerade eine kinderrechtliche Diskussion mit zum Beispiel mit sich bringt, dass man an der Stelle etwa sagt, Artikel 4, die Verordnung des Kindeswohls, ist eben genauso gestrickt und zwar von dem UN-Kinderrechteausschuss, dass der Vorrang des Kindeswohls nicht ein Gesichtspunkt ist, der gleichrangig zu berücksichtigen ist, sondern der sogar vorrangig zu berücksichtigen ist. Und das ist ja nun was ganz Besonderes und da kommen dann selbst Juristen ins Schwitzen, weil sie eigentlich sagen, ja tatsächlich es ist hier so angelegt, dass wir die Interessensgruppe der Kinder vorrangig berücksichtigen müssen. Und wenn man dann, das ist natürlich etwas, was sie schwer erst mal hinnehmen können, ja, aber natürlich dann, wenn man auch darlegt, wie denn der Kinderrechtsausschuss[180] zu dieser Auffassung gekommen ist, er hat es ja nicht getan, weil er sagt, Kinder sind bessere Menschen oder so, sondern weil er letztendlich auch deutlich gemacht hat, es ist für eine Gesellschaft ein existenzielles Interesse, das die Kinder, die ein anderes, die eine andere Fähigkeit haben ihre Interessen durchzusetzen und die für die Entwicklung der Gesellschaft eine besondere Bedeutung haben, dass die natürlich auch vorrangig in den Blick genommen werden, ja. Und das sind natürlich, da ist dann auf einmal bei Juristen, dann fangen sie auch an zu überlegen, okay, also Kinderrechte ha-

180 Der Ausschuss für die Rechte des Kindes der Vereinten Nationen mit Sitz in Genf ist ein Expertengremium zur Überwachung der Umsetzung der UN-Konvention über die Rechte des Kindes in den Vertragsstaaten.

ben nicht nur die Bedeutung, was weiß ich, sie sind halt ein Bereich von vielen, sondern sie haben hier tatsächlich, es geht hier auch um gesellschaftliche Rechte. Und das sind ganz spannende Diskussionen, aber die müssen wir führen und das ist sicherlich noch nicht in dem Maße geschehen, das es auch dann letztendlich wieder in die Öffentlichkeit und Politik abstrahlt. Wenn man jetzt beispielsweise die aktuelle Diskussion, wo man die Rechte von Asylsuchenden Kindern anschaut, da muss man ja fast sagen, da ist, da sind die Kinderrechte noch nicht in der Öffentlichkeit und Politik in dem Maße angekommen, wie man es sich wünschen würde.

Krause: Okay, dann würde ich jetzt wirklich, dass wir ein bisschen dichter an die Schule herangehen. Wenn sie mit dem Kinderrechtekoffer versuchen an Schule zu gehen, welche Reaktionen haben sie da? Oder wenn sie sozusagen generell versuchen mit Schule zusammenzuarbeiten, irgendwie Projekte oder auch in den Unterricht hineinzukommen, um Kinderrechte dort, ja zu promoten und vorzustellen, wie sieht Ihre Erfahrung da aus?

Bär: Wir als bundesweite Organisation machen das ja nur sehr, sehr punktuell, dass wir wirklich direkt an Schulen gehen. Wir versuchen eher, das über Multiplikatoren zu machen beziehungsweise über den Kinderrechtekoffer, der eben an Schulen geht. Kinderrechtekoffer wird relativ gut nachgefragt, für ein Instrument, was es nicht über Schulbuchverlage oder so was direkt vertrieben wird. Und wir sind im Moment dabei eine Evaluation zu beginnen, um wirklich mal abzufragen, wie mit dem Kinderrechtekoffer dann gearbeitet wird und wie wir ihn auch noch optimieren können. Aber aufgrund des Rücklaufes glaube ich scheint es ein Instrument zu sein, was von den Schulen ganz gut angenommen wird. Ansonsten in Schulen gehen wir nur, zur Vorbereitung von einzelnen Projekten. Wie Beispiel Weltkindertagsfest oder so was oder Weltkindertag und dass dann natürlich auch nur an Schulen, wo wir die Kontakte haben und Erfahrung haben, dass wir rein kommen.

Krause: Okay. Und sind das denn Schulen, die aufgrund der schon andauernden Zusammenarbeit dann wahrscheinlich eh für so ein Thema sensibilisiert sind und offen sind. Gab es auch Situationen, wo Schulen auf Sie zugekommen sind und gesagt haben, wir erkennen hier, dass wir hier einen Bedarf haben oder dass wir uns diesem Thema irgendwie stärker widmen wollen und brauchen da eine qualifizierte Unterstützung, oder? Gab es solche Situationen auch?

Bär: Da kann ich jetzt über das Kinder- und Jugendbüro sprechen. Ich komme ja aus dem Büro mit Hella [Schleef], also da habe ich viereinhalb Jahre gearbeitet und jetzt seit Jahresanfang raus und da war es vereinzelt so, dass Schulen an uns herangetreten sind, eher allerdings über Elterninitiativen, die oder über Eltern, die das bei einem ihrer Kinder gesehen haben, dass es so ein Projekt gab, das ganz gut fanden und dann auch wollten, dass ihr anderes Kind auch in den Genuss kommt. Und wenn das auf unterschiedlichen Schulen war, dann haben die die Schule überzeugt, dass auch so ein Projekt gemacht wird. Aber es ist eher so, dass es Einzelinitiativen sind bisher, also nicht von der Schulleitung oder so was für ein ganze Kollegium so was angedacht wird, sondern eher einzelne Lehrkräfte dann für ihre Klasse, weil das gerade Thema ist, sich dieses Know-how von außen rein holen. Das wirklich mal eine Schulleitung oder auch eine Fortbildungsstätte von sich aus sagt, ja wir wollen das jetzt für unser gesamtes Kollegium oder für die gesamte Fachlehrer aus dem Deutsch- oder Lebenskundebereich oder so was machen, ist äußerst selten. Also es würde jetzt in Nordrhein-Westfalen anstehen, wo die Kinderrechte ja verpflichtend aufgenommen worden sind. Da würde es sicherlich so eine Möglichkeit geben. Aber außerhalb dessen ist mir nicht bekannt.

Hofmann: Ja es ist ein Thema, was auch, also es spielt keine große Rolle an Schulen, muss man so sagen. Es ist auch leider ein Thema, was überhaupt nicht verstanden wird, auch dass sich die Schulpädagoginnen und Schulpädagogen das mal, auch selber mit auseinandersetzen müssen. Ja, das ist ja bei dem Thema auch gar nicht so selbstverständlich, dass ich als Erwachsener überhaupt, also qua meiner allgemeinen Ausbildung als Lehrer, als Lehrerin überhaupt qualifiziert bin, dieses zu vermitteln. Weil es geht ja letztendlich auch um ein Rechtsverständnis und auch um ein Selbstverständnis, wo Kinder und Jugendliche als eigenständige Persönlichkeiten angesehen werden, als auch mit eigenständigem, die mit eigenständigen Rechten versehen sind, die nicht nur eben, was weiß ich, ein Anhängsel ihrer Eltern sind und auch nicht nur in die Schule sozusagen ein, ja Objekt, das, dem Wissen vermittelt werden muss, sondern wo gesehen wird, okay, die haben auch das Recht auf Lernen. Schule bedeutet auch ein Selbstgestaltungsrecht und das sind natürlich alles Dinge, die könnte man mit den Kinderrechten auch an Schule thematisieren. Aber so weit geht die Liebe dann eben nicht zu den Kinderrechten, sondern letztendlich geht es dann halt tatsächlich im, wie schon benannten Falle, was dann der Regelfall ist, ja also die Kinder brauchen Schutz, Geborgenheit und Fürsorge. Das ist der Fokus und die anderen Rechte, Selbstbestimmungsrechte, Entwicklungsrechte, Fördern auf Förderung, das sind Themen, die sind, die werden dann auch nicht mit einem Selbstverständnis, mit einem entwickelten Selbstverständnis weiter gegeben. Und dafür fehlt es vielleicht auch, das kann man auch gar nicht jetzt unbedingt dem einzelnen Lehrer oder Lehrerin anlasten, sondern dafür fehlt es natürlich auch an Fortbildungsangeboten und dafür fehlt es auch an einem Schulklima. Ich nehme erst mal anders rum, positiv wo wir sehen, wo das eher klappt, ist zum Beispiel in Kindertagesstätten. Wir haben ja speziell für Kindertagesstätten Material entwickelt und die Claudia Kittel[181], die das entwickelt hat, die macht auch viele Fortbildungen an Kindertagesstätten. Was sie mir berichtet ist, dass sie dort auch immer erlebt, dass die Erzieherinnen oder Erzieher bereit sind, sich erst mal unabhängig von den Kindern mit dem Thema Kinderrechte auseinanderzusetzen. Also nicht zu sagen gleich, wie vermittle ich das, sondern zu sagen, okay, was macht es denn mit mir diese Kinderrechte? Wie verhalte ich mich denn dazu? Und dann erst zu sagen, wir vermitteln das auch an Kinder oder noch mal anders betrachtet, Projekttage dazu zu machen, wo man sagt, okay, man holt sich eine Beratung, eine NGO von außen, die mit den Kindern arbeitet und auch parallel mit uns arbeitet. Also das gar nicht immer so zu sehen, dass ich so zu sagen immer derjenige bin, der jetzt dann vermitteln muss, sondern dass das Kinderrecht etwas ist, wohl sich sowohl eben die Pädagogen, die Pädagogin, sondern auch die Kinder für sich, ja. Also das sind dann sehr entwickelte Ansätze und da muss man natürlich sagen, das spielt in der Breite aber überhaupt keine Rolle, ja. Das sind einzelne Leuchttürme, die wir da sehen und in der Breite haben, hat ein Verständnis dafür noch nicht stattgefunden.

Krause: M-hm. Für die Umsetzung oder Einhaltung der KRK trägt ja die Bundesrepublik und nicht die Bundesländer, erst mal als Vertragspartner die Verantwortung. Jetzt ist Bildung ja aber trotzdem Ländersache. Wie kann von staatlicher Seite denn ein Prozess oder mit welchen Maßnahmen könnte man absichern, dass man oder über welche Wege und Methoden kann man sicherstellen, dass diese Bekanntmachung gelingt?

Hofmann: Ich überlege gerade zunächst, also die Bundesregierung hat natürlich die Aufgabe, auch letztendlich ist sie rechenschaftspflichtig gegen dem UN-Ausschuss und hat die Aufgabe alle ihr zur Verfügung stehenden Wege auch zu nutzen, dazu zählen auch die Instanzen. Ja das kann man sowohl sehen im, in der Säule des juristischen Bereichs, sozusagen, okay, es gilt eben auch zum Beispiel im Grundgesetz das zu verankern. Es heißt natürlich aber auch, im Bereich der Behörden und hier müsste natürlich mit den Ländern darüber diskutiert werden, wie ja die Kinderrechte vermittelt werden. Das ist ja vielleicht etwas, was man grundsätzlich beklagen kann. Es gab ja mal vor, ich glaube das ist fünf Jahre her, eine Anfrage der Grünen Bundestagsfraktion, wie denn, was denn die

181 Claudia Kittel ist Referentin der Koordinierungsstelle der National Coalition für die Umsetzung der UN-Konvention über die Rechte des Kindes in Deutschland.

Bundesregierung dafür tut, die Kinderrechtskonvention zu vermitteln und die Antwort war für meinen Geschmack relativ dünn. Gerade an der Stelle, also was tut sie eigentlich dafür, weil die Antwort war dann so naja, wir haben ja unsere logo![182]-Broschüre, die wir auflegen und wir haben unseren, wir haben unsere Förderung zum Beispiel auch für das Deutsche Kinderhilfswerk, für Projekte, wo ich dazu sagen kann, okay, aber das ist natürlich in einem sehr bescheidenen Umfang, wenn man es mal von der Aufgabe her nimmt, die da gestellt ist und das war es dann. Ja also da ist natürlich dieser Grundgedanke, der UN-Kinderrechtskonvention auf allen Ebenen hier entsprechendes zu verankern, ist nicht umgesetzt. Und da müsste man, also ich denke da gibt es sicherlich ganz pragmatische Wege. Zum Beispiel auch zu sagen, wir machen es mal zu einem Thema der Bildungsministerkonferenz und schauen auch, dass wir hier einen einheitlichen Standard rein bekommen, das wir hier auch etwa über ein Multiplikatorenmodell etwas entwickeln. Es ist ja auch, bei diesem Thema würde sich zum Beispiel auch anbieten, dass es einen Kollegen gibt in der Schule, der hier eine besondere Kompetenz etwa aufweist, der sich dann auch noch mal, der auch entsprechendes dann in der Schule weiter tragen kann. Das sind alles Dinge, die könnte man natürlich relativ, das gibt es ja auch für andere Themen und da könnte über die Fortbildungsinstitute der Länder eine ganze Menge geschehen. Ja das ist, aber ich glaube das ist nicht geschehen, also ich wüsste nicht, dass es irgendwo eine Initiative gegeben hat, wo die Bundesregierung sagt, wir versuchen jetzt mal das Thema Kinderrechte auch über entsprechende, ja Gremien zu transportieren, ja. Natürlich könnte sie auch hier mit dem Bundesrat gemeinsam eine Initiative starten, also alles denkbar, es hindert sie eigentlich nichts.

Bär: Und die Bundesländer denke ich müssen sich auch als Vertragspartner verstehen. Die UN-Kinderrechtskommission ist ja auch durch den Bundesrat ratifiziert worden. Von daher sind die Bundesländer da durchaus in der Pflicht, selbst auch aktiv zu werden, um sie umzusetzen und auch bekannt zu machen. Da hat der Herr Cremer[183] grade noch mal, auch gerade was die Flüchtlings- und Asylgesetzgebung drauf aufmerksam gemacht während der letzten Woche. Also da muss man nicht nur auf die Bundesregierung zeigen, sondern auch die Bundesländer ansprechen: Ihr seid genauso in der Pflicht.

---

182 logo! ist eine Nachrichtensendung für Kinder des Zweiten Deutschen Fernsehens.

183 Dr. Hendrik Cremer ist wissenschaftlicher Mitarbeiter des Deutschen Instituts für Menschenrechte.

Krause: M-hm. Und wie kann so eine kindgerechte Kinderrechtsbildung eigentlich aussehen? Also vorhin hatte Herr Hofmann schon gesagt, dass es nicht oder nicht vorrangig zwingend darum geht, dass man irgendwie jetzt die Artikel sozusagen auswendig wiedergeben kann, aber worauf kommt es eigentlich an, wenn man jetzt, wenn man jetzt überlegt, es soll eine kindgerechte, Kinder sollen in einem kindgerechten Verständnis sozusagen über die Kinderrechtskonvention Bescheid wissen. Was ist dafür notwendig, dass man sagen kann, ja jetzt wissen sie Bescheid?

Bär: M-hm, ich denke man muss mit Alltagssituationen verknüpfen, die die Kinder kennen, die Kinder selbst erlebt haben, die Bildung- und Dilemmasituationen. Dilemmadiskussion ist ganz interessant, also ich fände da eine Adaption zum Beispiel von den Methoden, die ja für die Demokratiebildung und Menschenrechtsbildung entwickelt worden sind. Wenn man die auf die Kinderrechte übertragen könnte, wäre es eine sehr gute Methode.

Hofmann: Also und auch die Kontinuität ist, spielt eine entscheidende Rolle, ja. Also zu sagen, das haben wir ja beim Thema Beteiligung, wenn man das mal so als Vergleich nimmt, da sind wir ja schon weiter. Wir wissen, dass Kinder, die in einer Kita gelernt haben, einen Morgenkreis zu bilden, die werden in der Schule sagen, wie ist das denn ja, lieber Herr Klassenlehrer mit unserem Wochenplan, da würden wir gerne auch rechtzeitig informiert werden und nicht erst, wenn es dann soweit ist. Und entsprechendes müsste das eben auch mit den Kinderrechten gehen, es müsste sozusagen eine erste Assoziation, dass man in der, ja in der frühkindlichen Bildung, also Kita etc. stattfinden. Dann müsste das in der Schule eben auch, glaube ich, ja also müsste man sich angucken, wie es jetzt verortet ist, ob es da nicht etwas früher schon noch mal verankert werden muss, also nicht erst in der siebten Klasse ist es glaube ich, sechsten Klasse. Wie ist es in Brandenburg, ist es so spät?

Krause: Das ist in der Grundschule mit verankert, aber es ist halt schon eine Frage zu sagen, was steht auf dem Papier sozusagen, da wird es auch eher so als, mit Vorschlagscharakter zur Thematisierung und was die Lehrerinnen und Lehrer jetzt wirklich tatsächlich im Unterricht machen, kann man daraus ja nicht erkennen.

Hofmann: Ja, ich kann es nur so zu sagen vom Eindruck her wiedergeben, dass ich, also für meinen Geschmack war es relativ spät. Und ich denke, dass sollte dann auch nicht so ein großer Bruch sein, also zu sagen, okay, das sollte noch mal in der zweiten und dann in der dritten, vierten auch stattfinden, so dass dieses, was ich vorher auch schon sagte, dieses Rechtsverständnis ist, sich auch entwickelt und entsprechend dann auch noch mal die Alltagssituationen angepasst werden, weil natürlich ein, also mit einem Kita-Kind müsste ich jetzt nicht so, also kann ich jetzt nicht so dieses Recht auf Information anders diskutieren, wie mit einem Zehnjährigen, ja. Der hat natürlich schon da auch einen anderen Anspruch und sagt auch unter Umständen, okay der Zugang zu Informationen ist für mich etwas, das ist für mich schon wichtig und das will ich auch dann einfordern, ja, sowohl zu Hause, wenn es drum geht, welche Medien auch genutzt werden können, als auch in der Schule, wo es drum geht, auch selbst, eigenständig Informationen zu, erlangen zu können und da muss man dann halt auch entsprechend die Themen setzen. Und dann noch ein Bereich, den man auch nicht außen vor lassen darf, das ist die außerschulische Bildungsarbeit. Auch dort haben wir ja im Grunde das Thema schon immer, ja verankert, bis hin dann in die Jugendverbände, die ja auch dazu viel gemacht haben. Man muss hier feststellen, es ist natürlich im Niedergang begriffen, um es mal etwas spitz zu sagen, weil die Jungendverbände selber haben nicht mehr die Einflusskraft in der Breite, auf die Kinder und Jugendlichen, hat natürlich auch ein bisschen damit zu tun, dass ihre Unterstützung geringer geworden ist von der öffentlichen Hand, respektive der Jugendfreizeiteinrichtungen, die, an denen natürlich immer mehr gespart wird und die Jugendbildung, also ist ja sowieso, da muss man auch nicht nur der öffentlichen Hand die Schuld geben, sondern im Grunde den Verantwortlichen in diesem Bereich selber hat sich immer mehr zurück gezogen zu einer Jugendfreizeitarbeit, die nicht mehr so viel mit eigenständigem Bildungsanspruch zu tun hat und das ist natürlich sehr schade, weil dadurch natürlich auch solche Themen dann da nicht mehr stattfinden. Also hier muss man wirklich sagen, ist es auf die Schule fokussiert mittlerweile, ja das muss man sagen und da muss Schule ihre Rolle spielen, aber auch die anderen Partner, Kita, außerschulische Bildungsarbeit sollten nicht außer Acht gelassen werden.

Krause: Vorhin haben Sie gesagt, dass das DKHW selber auch Fortbildungsveranstaltungen anbietet, um halt mehr Multiplikatoren sozusagen für diesen Bereich zu schaffen oder halt in die Lage zu versetzen, dass dann auch geeignet anzugehen. Können Sie was dazu sagen, was in diesen Fortbildungen passiert? Wie lange, also auch vom zeitlichen Umfang, wie groß diese Fortbildungen sind? Ja, was da auch thematisch und methodisch abläuft in diesen Fortbildungen?

Bär: Wir hatten bisher unser normales Seminarprogramm, das waren immer zweitägige Seminare, die hier im Haus durchgeführt worden sind zum Thema Zukunftswerkstatt mit Kinder und Jugendlichen, zum Thema Beteiligung in der

Kindertagesstätte, zum Thema Finanzierung von Kindern- und Jugendprojekten, zum Thema Beteiligung in der Schule am Beispiel Leitbildentwicklung, dann auch Methoden der Kinder- und Jugendbeteiligungen im Alltag, in der außerschulischen Jugendarbeit. Das sind so die Tagesseminare und dann haben wir unsere beiden großen Weiterbildungen, die jeweils fünf Module umfassen, also fünf Wochenenden zum Thema Verteidigung von Kinder und Jugendlichen, wie moderiere ich diese Prozesse? Und zum Thema Kindertagesstätte, Demokratie in der Kindertagesstätte. Die werden beide gut nachgefragt, also vor allem für die Moderatorenausbildung haben wir eine ganze Menge an Anfragen. Und die Teilnehmenden kommen aber größtenteils aus der außerschulischen Jugendbildung, also Lehrkräfte sind da nur ganz, ganz gering vertreten.

Krause: Woran liegt das? An den, den Werbestrukturen, an der Bekanntmachung? Oder

Bär: Wahrscheinlich weil das nicht an die Lehrerfachbildungsinstitute angeschlossen ist.

Krause: M-hm. Und was geben die Teilnehmer für eine Motivation an, warum sie an diesen Kursen teilnehmen?

Bär: Weil sie in den Themenbereichen in ihrer sonstigen Ausbildung nicht genug gelernt haben und da eben noch Lücken sehen, die sie gerne schließen würden und weil sie in dem Bereich jetzt glaube ich eine Potenzial sehen für ihre Arbeit. Damit die Kinder und Jugendlichen einen anderen Umgang dazu bekommen.

Krause: M-hm. Und gibt es da Hinweise da auch sozusagen, dass vom Arbeitgeber fokussiert wurde, wir müssen in diesem Bereich stärker werden oder sind das eher persönliche Affinitäten und Interessen der Teilnehmer, die für sich entscheiden sozusagen, dass wäre ganz gut, wenn wir das versuchen bei uns vor Ort irgendwie?

Bär: Ich glaube das ist so ein Drittel, zwei Drittel. Also ein Drittel werden vom Arbeitgeber geschickt, davon noch mal ein Drittel wird unfreiwillig hingeschickt und die restlichen machen es aus Eigenantrieb oder gemischt.

Hofmann: Ja, ja, naja es ist ja doch ganz erstaunlich, dass ja die ein oder andere Kommune natürlich mittlerweile auch das Thema Beteiligung von Kindern und Jugendlichen zu einem, ja zur Leitlinie macht, da auch entsprechende Richtlinien raus gibt, teilweise sogar, dass dann ja in einer Gemeindeordnung oder in einer Satzung verankert und dadurch sind natürlich dann die Beschäftigten im öffentlichen Dienst auch angehalten, sich hier fortzubilden oder werden dann sogar hingeschickt und das ist natürlich ein sehr erfreulicher Weg, der allerdings, muss man hier wieder natürlich auch differenzieren, eher für das Thema Beteiligung von Kindern und Jugendlichen nachvollzogen wird, weniger für das Thema Kinderrechte als solches. Ja, da sieht es bei den Kita-Trägern wieder günstiger aus, die auch ganz explizit sagen, also interessanterweise mehr wie Schule, wo man eigentlich sagen müsste, da ist das Thema ja auf den ersten Blick relativ früh angesiedelt, aber da gibt es tatsächlich viele, die sagen nein, Kinderrechte sind für uns ein interessantes Thema, also auch als Träger, wobei sie es dann natürlich immer auch verbinden mit Demokratieentwicklung, ja. Also zu sagen, okay, Ausbildung von Demokratieverständnis hat viel zu tun mit einem Rechtsverständnis und deshalb ist auch hier schon eine frühe Diskussion mit Kindern wichtig, ja. Was wir ja auch immer betonen, dass es da einen engen Zusammenhang gibt und von daher natürlich auch das nicht erst in der vierten oder fünften, sechsten Klasse anfangen darf, ja, also dass das wenn wir wirklich hier, wir haben ja aus ganz unterschiedlichen Gründen auch ein Bedürfnis oder einen Bedarf, Demokratieentwicklung zu betreiben und da müssen wir die Kinderrechtsdiskussion auch mit einordnen und die darf eben, die muss eben früh beginnen und es muss breit ansetzen, ja. Und nicht erst dann, wenn irgendwie die Jugendlichen dann mal irgendwie in einer Art und Weise auffällig sind und man sagt, okay, was machen wir denn jetzt mit denen, ja. Dann ist es immer schwerer, weil sie schon ein Rechtsverständnis und was willst du damit werden auch dann schon gebildet haben und da muss ich früher ansetzen und über solche Themen diskutieren, weil es ja auch für Kinder hoch spannend ist, warum hat jemand eigentlich sozusagen ja, bestimmte Persönlichkeitsrechte, ja. Warum gibt es dieses, diesen Schutz vor Diskriminierung? Und so und das kann ich, wenn ich das, wenn ich, das kann ich wirklich, je offener die Kinder sind und das sind sie eben, je jünger sie sind, sind sie auch noch offener, kann ich mit ihnen das auch wirklich frei diskutieren und das ist schon noch nicht so besetzt mit Vorprägungen von Eltern oder wo auch immer, sondern sie können auch wirklich sich selber dazu eine Meinung bilden und die ist dann wesentlich so zu sagen gereifter und beständiger, als alles, was man versucht später über Wissensvermittlung dann beizusteuern. [...]

Krause: Dann abschließend vielleicht noch mal ganz kurz, weil Sie haben ja ein relativ guten Überblick, weil Sie bundesweit arbeiten. Heben sich manche Bundesländer hervor, mit guten Beispielen in Schule, aber vielleicht auch darüber hinaus, wie sie Kinderrechte, ja promoten und voranbringen? Ist Ihnen da was bekannt? Oder gibt es umgekehrt sozusagen Bundesländer, wo Sie sagen, da wird vielleicht was versucht, aber das geht in eine vollkommen falsche Richtung eigentlich, als es gedacht war vom, von den Initiatoren?

Bär: Also ich kann nur für Nordrhein-Westfalen jetzt sprechen, dass die mit dieser verpflichtenden Aufnahme in den Lehrplan einen wichtigen Schritt gemacht haben und sich da jetzt auch um Fortbildungen kümmern wollen. Das ist ein Beispiel, was mir bekannt ist. Ansonsten bin ich in Schule nicht so sehr drinnen, dass ich das sagen könnte. Guckst Du jetzt in unsere Beteiligungsbroschüre?

Hofmann: M-hm, genau. Also die wollte ich gerade noch mal rausnehmen, ja die müssten wir dann nachher noch mal raussuchen, ich habe sie jetzt gerade nicht da. Wir haben ja untersucht, wie viele Beteiligungsrechte in den unterschiedlichen Ländern umgesetzt werden. Da gibt es natürlich jetzt nicht ganz signifikant, aber es gibt schon Unterschiede. Wir haben natürlich ein Land, wie Schleswig-Holstein, was dann auch hier durch die Festlegung in dem Paragrafen 47 f[184] dann auch, der Landesverfassung dann auch eine entsprechende Vorgabe macht. Wir haben auch Bundesländer wie Hamburg, wie ich weiß, wo tatsächlich auch das Land eine Initiative startet hier Kinderrechte in der Kita, auszubilden, Multiplikatoren auszubilden. [...] Jetzt etwas gezielt zur Vermittlung von Kinderrechten ist mir jetzt nicht bekannt.

Krause: Okay, dann ahne ich jetzt schon ein wenig sozusagen die Antwort auf die abschließende Frage. Wenn man das jetzt noch mal global und über alles, was wir jetzt besprochen haben, würden Sie sagen, dass Kinderrechtsvermittlung in Deutschland gelingt?

Bär: Da wo sie stattfindet würde ich sagen, ja, weil wir gute Methoden und gute Ansätze haben, aber es ist eben nur ein ganz, ganz kleiner Bereich, wo sie schon wirklich stattfindet, es ist noch nicht flächendeckend erreicht. Von daher, da ist noch eine ganze Menge zu tun, dass es in der Fläche, in der Breite ankommt.

---

184 § 47 f Beteiligung von Kindern und Jugendlichen Gemeindeordnung für Schleswig-Holstein in der Fassung vom 28. Februar 2003
(1) Die Gemeinde muss bei Planungen und Vorhaben, die die Interessen von Kindern und Jugendlichen berühren, diese in angemessener Weise beteiligen. Hierzu muss die Gemeinde über die Beteiligung der Einwohnerinnen und Einwohner nach den §§ 16 a bis 16 f hinaus geeignete Verfahren entwickeln.
(2) Bei der Durchführung von Planungen und Vorhaben, die die Interessen von Kindern und Jugendlichen berühren, muss die Gemeinde in geeigneter Weise darlegen, wie sie diese Interessen berücksichtigt und die Beteiligung nach Absatz 1 durchgeführt hat.

Hofmann: M-hm, ja. Also ich denke, es, wie ja auch schon vorhin ausgeführt, dass es gibt teilweise einen, auch bei Erwachsenen noch kein Verständnis über Kinderrechte, von daher kann sie gar nicht gehen, weil wir nicht selber, nicht eine Einstellung haben wo ich sage, okay Kinder haben eigenständige Rechte und es geht eben nicht nur darum, diese zu vermitteln, sondern es muss auch voraussetzen, dass ich selber bereit bin, mich damit auseinanderzusetzen als Vermittelnder und auch bereit bin, mich, mein Verhalten zu reflektieren. Dann muss man sagen, da sind wir noch weit von weg, ja, dieses Verständnis gibt es nicht. Vor allem in Schule nicht, das hat aber jetzt nicht speziell was mit dem Thema Kinderrechte zu tun, das hat glaube ich, da ist der, da ist der Lehrerberuf insgesamt natürlich nicht für ausgebildet, auf ein selbstreflektiertes Verhalten. Es gibt auch gar keine Strukturen dafür, also die dann auch an Schulen so was in der Breite zulassen, also in Form von Teamarbeit, in Form von Supervision oder ähnlichem. Von daher werden natürlich, sind Kinderrechte ein schwerer Brocken für Schule, ja, weil sie nicht, weil, ich kann nicht ein Lehrbuch hernehmen und kann sagen, so jetzt frage ich mal ab, was ist denn Artikel 42 und wenn die Antwort befriedigend ausfällt, dann habe ich den Artikel vermittelt. Also an der Stelle muss es ein anderes Verständnis geben. Um dieses Verständnis zu entwickeln, braucht es natürlich an Schule eine Entwicklung darüber hinaus, ist aber auch noch eine Chance. Also man kann Kinderrechte insofern auch als Chance nehmen, um zu sagen, es ist eigentlich sehr dankbar für Schule, vor allem und das habe ich vorhin ja schon mal gesagt, das habe ich selber immer erlebt, dass neunundneunzig Prozent der Kinder und Jugendlichen sagen, also so ein Schwachsinn in die Schule gehen zu müssen. Ja und das soll auch noch ein Recht sein. Und wenn man aber wirklich dann diese Diskussion mit ihnen führt, warum es dieses Kinderrecht gibt und wie sie, ob sie denn selber das vorschlagen, man sollte es dann abschaffen, sagen hinterher neunundneunzig Prozent, nein auf keinen Fall, natürlich ist es wichtig, dass wir dieses Recht haben, ja und dadurch entwickelt sich auch auf einmal ein ganz anderes Verständnis für Schule. Also auch, natürlich auch ein anderes Anspruchsdenken, natürlich es ist meine Bildung, es ist mein Recht und ich will natürlich darauf dann auch Einfluss haben, aber es ist für mich und ich muss für mich auch, ich muss mich selber einbringen, wenn ich hinterher was mitnehmen will. Und da kann doch jeder Lehrer nur sich drüber freuen, wenn Schüler mit so einem Verständnis plötzlich in die Schule gehen, ja und deswegen ist es eine Chance und ich glaube das könnte stärker genutzt werden. [...] Also, was glaube ich noch, schon wichtig ist, dass man sich Gedanken macht, noch mal über die Lehrpläne, ja, die auch dann, da eine verbindliche Verankerung und die Fortbildungsinstitute der Länder, die müssen sich hier auch stark entwickeln, die haben sich diesem Thema, also meines Wissens, das muss aber jetzt auch nicht umfassend sein, da nicht mit auseinander gesetzt, ja. Vielleicht jetzt, schauen wir mal, ob sie sich in NRW damit auseinandersetzen, aber auch noch nicht abzusehen, eigentlich, ne. Das ist dann auch wieder so von oben, das er gesagt hat, okay Kinderrechte müssen vermittelt werden, aber wie, das macht sich dann wieder keiner Gedanken, ja. Und das ist natürlich dann einen Schuss in den Ofen, also damit ist nichts gewonnen und da müssen halt diejenigen ran, die dafür verantwortlich sind. Auch ein wichtiges Thema hatten wir, glaube ich, zwischen den Zeilen angesprochen, ist diese Leitbildentwicklung, ja. Also das ist natürlich ganz entscheidend, dass Schulen sich selber auch eine kinderrechtliche Verankerung und Leitbild geben, ja. […]

Auszüge aus dem Interview mit Enno Ebbert, Lehrer an der Fichtelgebirge-Grundschule, Berlin-Kreuzberg

[...]

Ebbert: Durch Hospitationen haben, sind wir einmal aufmerksam geworden auf so eine Institution wie den Klassenrat, Aufgaben stärker in die Hände des Kindes zu geben, nicht nur einen reinen Gesprächskreis, sondern Kindern auch die Möglichkeit zu geben, zu moderieren, Zeitwächter zu sein, Protokolle zu schreiben und gerade in der Jahrgangsmischung, was das soziale Lernen auch stark befördert, war das eine tolle Chance und das haben wir dann gemeinsam, sind wir damit gestartet, dass hier auch einzuführen. Und parallel dazu ist an die Schulleitung ein Projekt herangetragen worden von einer, vom American Jewish Committee[185], das Hands-Projekt, „Hands for Kids"[186] und weil das so gut dazu passte, haben wir uns da gerne mit engagiert und die Chance war einfach, dass wir an der Entwicklung dieses Curriculums mit beteiligt werden können. Und in diesem Rahmen war dann ein größeres Thema auch, das Thema Kinderrechte.

Krause: M-hm. Das heißt die Initialzündung zu dem Projekt kam von der Schulleitung aus oder gab es, kann man irgendwie oder gab es im Vorfeld auch einen Prozess? Sie haben das so ein bisschen beschrieben, sozusagen wie sich die Situation in der Schule darstellt und auch für Ihre persönliche Motivation, aber kann man das auf die Lehrerschaft an der Schule verallgemeinern? Oder war das eher so ein individueller Prozess, in dem Sie dann die Schule mitgenommen haben? Oder gab es das aus der Schule heraus auch dieses Bestreben, in so eine Richtung insgesamt zu gehen?

Ebbert: Ja das ist eigentlich vorher schon angelegt gewesen. Wir haben seit 2004 an dem Projekt „Demokratie lernen und leben"[187] teilgenommen, der

185 Das AJC wurde 1906 in den USA mit dem Ziel der Völkerverständigung, der Demokratie- und der Menschenrechtsförderung gegründet.

186 „Hands for Kids" ist ein Programm des AJC zur Förderung von Demokratieprozessen in Grundschulen.

187 „Demokratie lernen & leben" war ein Programm zur Schulentwicklung, bei dem Bund und Länder im Rahmen der BLK (Bund-Länder-Kommission für Bildungsplanung und Forschungsförderung) zusammenwirkten. Das Programm wurde von 2002-2007 in 13 Bundesländern an insgesamt 200 Schulen durchgeführt.

Bund-Länder-Kommission[188]. Das hat hier die Schulentwicklung einerseits stark befördert, dass wir verschiedene Schwerpunkte des Schulprogramms ausgehandelt haben, gemeinsam mit Eltern, Kindern und Lehrern. Das war einerseits das soziale Lernen, dann auch Differenzierung von Lernformen und die Lernwerkstatt, weil das Individualisieren von Lernen. Einmal das Regelbewusstsein war uns wichtig und in diesem Demokratieprozess da sind halt eine Menge an Beteiligungsformen haben schon stattgefunden und Kinder waren inhaltlich an der Entwicklung auch des Schulprogramms beteiligt, die haben das zum Teil mit theaterpädagogischen Methoden gemacht. Die Kleineren, in Zusammenarbeit mit der Schulstation waren aber auch regelmäßig an Konferenzen, Sitzungen mit Lehrkräften und Eltern beteiligt und haben ihre Vorschläge da eingebracht. Und das war mehr der äußere Rahmen und da war uns wichtig, dass auch stärker in den Unterricht mit einzuführen und das ging einigen Kollegen so, die dann auch gerade da draus gesehen haben, wie fügen wir solche Beteiligungsformen für Kinder in den Unterricht mit ein? Es gibt ja bestimmte Bereiche, Curricula, da haben die Kinder nun keinen Einfluss drauf, was unterrichtet wird, aber es gibt andere Entscheidungsprozesse, sei es Ausflüge, Streitigkeiten oder auch Wünsche für die Schule, wo die Kinder dran beteiligt werden können. Und im Rahmen dieses Beteiligungsprozesses, wo die Kinder sich stark eingesetzt haben, war zum Beispiel einen hausaufgabenfreien Tag zu bekommen. Da wo die Lehrer erst starke Widerstände hatten, was aber durch die vielen Gespräche bei diesen Aushandlungsrunden konsensorientiert angelegt waren, dann schließlich auch durchgekommen ist, so dass der Mittwoch jetzt hausaufgabenfrei ist. Da ist im Ganztagsbereich Spieletag, da machen die Ausflüge, besondere Spielangebote und die Kinder bringen halt von zu Hause Sachen mit, die sie interessieren, womit sie sich an dem Nachmittag beschäftigen möchten. Ja? Das war da ein so eine wesentliche Erfahrung. Das ist auch von vielen Kollegen getragen worden, aber so eine Schule ist auch, hat eine starke Eigendynamik, die Kollegen sind auch unterschiedlich ausgebildet, dass muss man auch schon sehen. So die klassischen Lehrer, die da zum Teil auch zunächst Probleme mit hatten solche Entscheidungen eventuell abzugeben, wo man länger argumentieren musste und das auch ja schließlich öfter durchsetzen musste. Wo sich Kinder zum Beispiel bei so einem Hausaufgabentag auch dann bei der Schulleitung beschwert haben, der und der Lehrer macht das eigentlich nicht mit, wir kriegen trotzdem Hausaufgaben, wo es dann auch nachher noch mal Gespräche gab, wo die Schulleitung sich auch dahinter gestellt hat und gesagt hat, ne das ist ausgehandelt, geht zu eurem Lehrer und sagt das stimmt so und wenn dann soll der halt zur Schulleite-

188 Bund-Länder-Kommission für Bildungsplanung und Forschungsförderung

rin kommen und sich das da noch mal erklären lassen. Dass die Kinder das dann auch regelrecht eingefordert haben. [...]

Krause: [...] Als es dann diese, diesen Hinweis oder die Möglichkeit gab, an dem Hands-Projekt mitzumachen, wie ist da dieser Entscheidungsprozess an der Schule gelaufen? Wurde das sozusagen in der Schulleitung gesagt, ja das ist ein tolles Projekt, da machen wir mit oder gab es da Diskussionen mit den Schülerinnen und Schülern, mit den Eltern, im Kollegium? Ist das so ein Beteiligungsprozess gewesen oder?

Ebbert: Da sind einige Schulen gezielt glaube ich angesprochen worden, die vorher auch schon bei dem Demokratieprojekt mit dabei gewesen sind. Das ist dann 2008 ausgelaufen. Ob die dran interessiert sind, da dran weiter zu machen, weil ich glaube da wurde gleich schon geguckt, welche Schulen sind da offen dafür. Und die Schulleiterin ist angesprochen worden von einer Bekannten und die hat natürlich dann auch im Kollegium rumgefragt, wer hat da Interesse dran. Und an dem Demokratieprojekt war es so eine beständige Gruppe von sechs, sieben Kollegen, die auch an diesen regelmäßigen Sitzungen teilgenommen hat. Dann ein Teil des Kollegiums war ja abwartend und ein anderer Teil hat eher gesagt, auch ein Drittel, ja jeweils ungefähr ein Drittel, die dann eher gesagt haben, ach nicht schon wieder ein Projekt. Ja? Und da sind es dann natürlich oft die ähnlichen Leute, auf die sich eine Schulleitung beruft und spricht die halt mal an und weil das so zusammenfiel mit diesem JÜL[189]-Prozess und ich vorher ja auch mit dabei war, war ich auch bei den ersten Sitzungen dabei und fand das eigentlich dann auch noch mal wieder spannend, das mit zu begleiten und diesen Prozess da mit zu machen. Und dann sind aber im Laufe der Zeit noch zwei, drei weitere Kolleginnen mit eingestiegen und haben dieses Projekt erst noch mal intensiv begleitet in der Entwicklungsphase und nachher haben es noch mehrere noch mal ausprobiert.

Krause: Okay, aber bei der Entscheidung, ob die Schule daran teilnimmt oder nicht, waren Eltern und Kinder nicht mit einbezogen?

Ebbert: Ne, da eigentlich nicht. Ob wir an diesem Hands-Projekt teilnehmen, dass haben wir da nicht zur Abstimmung gemacht.

---

189 Jahrgangsübergreifendes Lernen war ein Modellversuch und ist die Regelform an Berliner Grundschulen.

Krause: Können Sie ein bisschen den Prozess beschreiben, jetzt haben Sie ja gesagt, Sie waren sogar an der Entwicklung des Curriculums für dieses Projekt mit beteiligt, wie das erst Mal wie viele Teilnehmer da möglicherweise zusammen gekommen sind? Und wie dieser Prozess angelaufen ist, wie Sie zu diesem Curriculum gekommen sind?

Ebbert: [...] Zwischendurch ging es um Ideensammlungen. Das Thema Kinderrechte war ein Baustein, ich muss jetzt selber noch mal rein schauen, hab dann da mir noch ein bisschen Material dazu gesammelt. Direkt um Demokratie, Erziehung, es geht um Identität entdecken, Gemeinschaft leben, war der erste Baustein. Kinder sind stark der zweite. Der dritte Demokratie leben und Verantwortung übernehmen. Der vierte Baustein war dann alle Kinder haben Rechte und da ging es direkt um die Kinderrechte. Der Baustein fünf Global Kids, Kinder in anderen Ländern. Und der Zusatzbaustein dann Eltern beteiligen und Einführung auch für Pädagogen, das haben wir nachher dabei gemacht und bei den einzelnen Bausteinen haben wir Themengebiete gesammelt die uns wichtig waren, die wir, wo wir schon vielleicht Erfahrung aus der Schule hatten, dann gab es ein Autorenteam. Das waren mehr auch Fachleute von der RAA[190], Regionale Arbeitsstelle für Integration. Und auch aus der Gesellschaft für Demokratiepädagogik[191], die haben Vorschläge gemacht, was, wie kann man es inhaltlich strukturieren und aufbauen. Und danach gab es dann immer Phasen, wo die Moderatoren, die das begleitet haben auch in einzelnen Schulen gegangen sind und wo wir dann Erprobungsphasen gemacht haben, passt das mit dem Material so? Und dann wurde nachher noch mal geguckt, aha bestimmte Bausteine nimmt man vielleicht raus oder verändert da noch ein bisschen was. Haben das jeweils in den Sitzungen dann zurück gemeldet. Hier kann ich mich zumindest dran konkret erinnern, dass wir in der 4. Klasse dann zum Thema Kinderrechte an dem Modul war die Teamerin hier mit da. Wir haben einen Fragebogen in der 4. Klasse, welche Kinder Rechte kennen, die, haben die schon mal was dazu gehört. Und haben dazu mit den Kindern gearbeitet. Danach ja den Fragebogen ein bisschen reformiert und haben dann auch parallel, weil wir hier so einen Elternraum eingerichtet haben, wo sich gerade Immigranteneltern über eine Zeit getroffen haben beziehungsweise sich auch ein Beratungsangebot gegeben haben, haben wir eine Kindergruppe genommen, die dann die überwiegenden Mütter halt, die da tätig sind, an einem Vormittag befragt haben, was die über Kinderrechte wissen. Überwiegend türkisch stämmige Mütter und das war halt auch ein ganz spannender Prozess. Und da war die Moderatorin halt auch wieder dabei,

190 Regionale Arbeitsstellen für Bildung, Integration und Demokratie e. V.
191 Deutsche Gesellschaft für Demokratiepädagogik e. V.

das zu begleiten und zu dokumentieren, um dann zu gucken, aha daraus ist dann nachher auch die Idee für den Zusatzbaustein, Eltern beteiligen, dann noch mal erwachsen. Das hat einen gewissen Zeitraum gedauert, das auszubauen, zu überprüfen. Die, wir waren noch mal aufgefordert irgendwie Praxisbeispiele zu liefern, die da mit eingebaut werden sollten. Haben ja, das ein paar Mal überprüft und dann ist das auf zwei Kinderkonferenzen, die gemeinsam gestaltet worden sind, noch mal vorgestellt worden beziehungsweise dann sind solche Sachen in einzelnen Workshops noch mal vorgestellt worden. Zum Beispiel halt auch der Bereich Klassenrat. Einmal war das in einer alten Feuerwache und das weite Mal in den Räumen der Heinrich-Böll-Stiftung[192]. Halt auch ein schöner Rahmen für solche Veranstaltungen, wo auch Leute von außen dazu gekommen sind und was dann interessante Workshops waren und dann waren jeweils auch unterschiedliche Klassen von uns da noch mal wieder beteiligt mit jeweils anderen Kollegen. [...]

Krause: M-hm, okay. Und das Konzept war dann ja fertig erarbeitet und wurde dann auch hier in der Fichtelgebirgsgrundschule mit angewandt. Richtig?

Ebbert: Richtig, dann haben wir das hier dann auch noch mal erprobt in einzelnen Klassen und das noch mal auch durchgeführt, ja.

Krause: Können Sie beschreiben, wie Sie das in den Schulalltag integriert haben? Findet das im Rahmen des Unterrichtes statt? Gibt es da zusätzliche Veranstaltungen? Wie haben Sie das hier verankert im Schulalltag?

Ebbert: M-hm. Ein Baustein, den Klassenrat, der lag uns halt sehr am Herzen. Den haben wir in vielen Klassen mittlerweile eingeführt. Es gibt ein paar einzelne Kollegen in der sechsten Klasse und auch im JÜL-Bereich, die da immer noch so Schwierigkeiten mit haben, die sich da noch so ein bisschen gegen sträuben. Nicht nur einen Morgenkreise stattfinden zu lassen, sondern so einen Klassenrat halt auch mit Entscheidungsmöglichkeiten für die Kinder. Da arbeiten wir im Moment noch dran, das versuchen wir auch im Schulprogramm aufzunehmen, um das eigentlich auch noch verpflichtender zu machen schließlich für alle, aber das hat sich in vielen Klassen durchgesetzt und es sind auch, auch bei Leuten, die erst abwartend waren, die sich das angeguckt haben, die sehr positiv davon überrascht sind, wie ehrlich Kinder damit umgehen und wie gut die das wahrnehmen. Und eine Stütze war sicher auch noch, das wir eine Schulstati-

192 Die Heinrich-Böll-Stiftung ist eine politische Stiftung, die der Partei Bündnis 90/ Die Grünen nahesteht.

on haben, einige, eine von wenigen Schulen oder von sechs Schulen in Kreuzberg, mit einer regelfinanzierten, mit Sozialarbeitern, die diesen Prozess auch mit begleiten und da zusätzlich mit stützen. Beziehungsweise auch bei uns die Pädagogen aus der Ganztagsbetreuung, die da sich auch mit engagieren. Ich mach das zum Beispiel auch immer gerne zu zweit, mit der Erzieherin, die bei mir häufig drin ist, das wir das abwechselnd machen und ich habe eine JÜL-Klasse und fand das auch schon immer sehr interessant, wie ehrlich die Kinder damit umgehen und das die halt auch so Aufgaben wie Moderation, ja, die anderen Kinder einbeziehen, zusammenzufassen, die dran zu nehmen, mit dem Redestab, auch auf Regeln zu achten. Es gibt immer einen Zeitwächter, der mit der Sanduhr da sitzt und zu guckt oder mir den Vorwurf macht, wenn ich zu lange rede, ja, damit, weil da ist auch die Lehrerrolle ganz anders gefragt, das man sich wirklich zusammenreißen muss, sich da stärker zurückzunehmen und die anderen wirklich zu Wort kommen zu lassen, ja. Das ist ein Bereich, den die Kollegen, die das so wirklich eingeführt haben, den Klassenrat, der wöchentlich läuft, was da ein wichtiges Instrument ist. Dieser Bereich Kinderrechte, der kommt eher dann mal ein Mal im Jahr oder bei den JÜL-Klassen, wenn man Sachkundethemen abwechselt in jedem Durchgang, also alle drei Jahre so intensiv dran, dass nicht alle Bausteine wirklich in jedem Jahr durchgearbeitet werden. Aber zum Bereich des sozialen Lernens sind das Punkte, die auch in anderen Klassenstufen wesentlich sind, weil das ist ein Schwerpunkt so das soziale Lernen auch an unserer Schule. Die Grundschulen haben in den fünften, sechsten Klassen zwei Schulstunden, die man für schulische Schwerpunkte verwenden kann. Früher war das Wahlunterricht, verpflichtend. Entweder hat man dann Nawi[193]-Projekte oder so was in der Richtung gemacht. Und das wird heute bei uns für Projekte zum sozialen Lernen genutzt, auch gemeinsam mit der Schulstation. Da werden solche Punkte aus dem Hands-Curriculum auch noch mal wieder mit aufgegriffen.

Krause: Als Sie angefangen haben diese Module oder Instrumente hier einzusetzen, gab es da eine Offenheit von Seiten der Schülerschaft oder gab es da Diskussionen, wozu brauchen wir das? Oder wie war dieser Prozess sozusagen das anzufangen mit den Kindern gemeinsam?

Ebbert: M-hm. Das hängt es häufig schon von den Kollegen ab, so was als Thema zu initiieren so in der vierten Klasse, kann ich mich erinnern, da haben wir den Kindern, wie sonst auch, andere Themen vorgestellt. Zum Thema Kinderrechte zu Arbeiten haben geguckt, was haben die davon bisher von gehört?

193 Gemeint sind naturwissenschaftliche Projekte.

Das war, ja sporadisch gab es da schon Erfahrungen, aber sie konnten sich häufig noch nicht so viel davon vorstellen. Das war für die auch schon ein Aha-Erlebnis, so zu gucken, aha da gibt es ein richtiges Gesetz dafür, so eine Festlegung, was da beachtet werden soll, für die Kinder, das fanden die auch ganz interessant. Aber das Thema wurde dann schon von Lehrkräften eher eingebracht und auch in den sechsten Klassen ist es dann eher Vorschlagsthema. Aber so, das stieß oft auf offene Ohren, dass die Kinder einem, wenn die nach Ihrer Meinung gefragt sind, da sich auch dann gerne beteiligen und da gute Ideen zu haben, sind Kollegen auch in den fünften, sechsten Klassen, die diesen Klassenrat machen, und das gerne auf andere Formen auch beziehen. Weil wir in den fünften, sechsten Klassen halt auch Konfliktlotsen ausbilden und die da dann natürlich auch viele Themen wieder fanden und auch die Kollegin, die die betreut, ja, dass das nicht sowieso die sozial engagierten Kinder sind, die auch sich zu Konfliktlotsen ausbilden lassen, sondern dass das eine Möglichkeit natürlich auch gut ist, die anderen wieder stärker auch noch mit einzubeziehen, die sonst häufig gerne sich aus solchen Prozessen rausziehen.

Krause: M-hm. Und hat das über, wie lange gibt es das Projekt jetzt an der Schule?

Ebbert: Ja, so zwei, drei Jahre. Wir haben mit der Erprobung der ersten Bausteine dann angefangen.

Krause: Und kann man feststellen, das ist jetzt vielleicht etwas hoch gegriffen, also dass sich im Schulklima, in dem die Schüler untereinander, dass es da eine positive Veränderung gegeben hat? Oder hat oder spürt man jetzt gar keinen Unterschied zu sagen, abgesehen davon, dass die Kids wissen jetzt, dass es Kinderrechte gibt und so, aber gibt es im Verhalten, im Umgang miteinander irgendwie eine Veränderung zu spüren oder so was?

Ebbert: Gegenüber von vor einigen Jahren finde ich schon deutlich, ja. Inwieweit es nun messbar, auf dieses Programm immer zurückzuführen ist, das ist immer schwierig, weil einerseits sich bei uns eben die Schülerstruktur auch stark geändert hat. Aber auch damals war uns immer so ein wichtiges Leitmotiv, nicht da drüber zu jammern, dass wir schwierige Schüler haben, in einem schwierigen Einzugsbereich. Sondern dann auch immer zu gucken, welche Maßnahmen können wir dafür treffen, die stärker einzubeziehen, ja. Das war sowohl eine Maßgabe für die Elternbeteiligung als auch für stärkere Kinderbeteiligung. Und wir haben schon den Eindruck, dass das auch im Schulhof und so, jetzt ein stückweit entspannter ist. Einerseits durch die Maßnahmen auch der Konfliktlotsen, auch die machen Konfliktgespräche in den großen Pausen und nehmen sich zwei Streithähne zusammen und reden darüber und auch dieses Regelsystem, keiner wird angeklagt und vorher verurteilt, sondern jeder kann erst einmal seine Meinung sagen, dass das ganz gut ist und auch von den Kindern angenommen wird. Und auch in den JÜL-Klassen lernen die Jüngeren, kommen, wachsen da immer mit rein und merken auch ihre Meinung ist wichtig. Aber trotzdem gibt es immer noch jeden Tag irgendwelche Konfliktfälle und Streitigkeiten, wo man sich, und das gehört halt nun auch dazu, wo man sich als Lehrer einmischen muss und das ist immer wieder dann auch ein neuer Prozess, aber die Instrumente, ja, so wie Klassenrat und so was, werden dann auch gerne angenommen, um so was anzusprechen.

Krause: Nehmen sie oder gibt es so ein Feedback von Seiten der Schüler, dass Sie merken oder merken die Schülerinnen und Schüler, dass das was Besonderes, was sie an ihrer Schule mit diesem Projekt und den Klassenräten stattfindet? Wenn Sie das zum Beispiel vergleichen, weiß ich nicht, wenn sie Geschwister haben auf anderen Schulen oder Freunden in anderen Schulen oder ist das für sie eine Selbstverständlichkeit, wo sie das eben nicht reflektieren, dass es, ja hier eine besondere Situation auch ist?

Ebbert: Ja, das glaube ich schon. Das geht aus einigen Kindergesprächen hervor. Wenn wir mal nachfragen, so und die dann erzählen, ne bei meiner Schwester oder meinem Bruder gibt es so was nicht und wenn wir sagen, Mensch, wenn es da solche Streitigkeiten gibt, vielleicht können die das mal vorschlagen. Oder die können sich ja mal an uns wenden. Bei anderen Themen fordern die Kinder das auch gleich ein und wissen, aha wenn was vorliegt, ich habe bei mir in der Klasse so einen Plan an der Tafel, wo die einen Zettel schreiben können, das möchte ich gerne da in dem Klassenrat besprechen, ja. Wo ich das dann auch sage, okay, das lässt sich jetzt nicht klären, das ist nichts Aktuelles, das besprechen wir im Klassenrat. Oder wenn es um kleine Streitigkeiten geht, das machen größere Klassen, die haben dann ein Buch, wo so was aufgeschrieben wird. Die dann merken, aha bis zum Klassenrat, das ist längst schon geklärt, das habe ich selber schon geklärt, die das Thema dann wieder streichen oder so, ja. Und so was dann auch bewusst wahrnehmen und dann auch schon sagen ja, das, irgendwie die Fragen im Vergleich zu früher nur ein Erzählkreis, hilft dir das, wenn wir da gemeinsam drüber sprechen? Und dass das schon wertgeschätzt wird, das die da die Möglichkeit haben, das wahrnehmen können. Und wir allerdings manchmal auch irgendwie Grenzen ziehen müssen, ja, Kinderrechte heißt nicht, ich darf nicht arbeiten, das heißt auch, ich brauch zu Hause jetzt nicht mehr mitzuhelfen oder so, ja. Das grenzen wir natürlich schon ab, dass es da starke Unterschiede gibt.

Krause: M-hm, okay. Aber es zeigt ja auch, wenn so eine Diskussion beginnt, dass die Kinder das anfangen zu verinnerlichen.

Ebbert: Ja, das glaube ich auch. Und wo wir auch schon mal den Hinweis geben, aha, macht ihr so was in der Familie auch mal, ja. So was wie Familienrat oder so, dass sie gemeinsam drüber sprechen, was ist und, oder wenn die öfter Zoff haben, mit der Schwester und so, ne. Da habe ich zwar keine, ob das nachwirkt oder so, bei einigen Familien da weiß ich, dass es so was gibt, also das sie solche Gesprächsrunden auch machen. Und bei anderen wäre es manchmal ganz hilfreich, ja.

Krause: M-hm, okay. Jetzt unabhängig von dem Hands-Projekt, sind ja Kinderrechte in den Rahmenlehrplänen für Berlin-Brandenburg, aber auch für Mecklenburg-Vorpommern glaub ich gibt es einen gemeinsamen Rahmenlehrplan für die Grundschulen sind die verankert. Haben Sie oder wie schätzen Sie denn das ein, wie das in der realen Umsetzung erfolgt? Das ist jetzt ja nicht explizit ganz konkret in dem Rahmenlehrplan festgeschrieben, das im, weiß ich nicht, im zweiten Halbjahr der Klasse xy zwingend das so und so zu behandeln ist, sondern es ist halt dort mit aufgeführt, als ein thematischer Kreis sozusagen, den man dort heran ziehen kann, aber wie ist denn Ihre Erfahrung der Behandlung von Kinderrechten im Unterreicht, abgesehen jetzt von dem Hands-Projekt?

Ebbert: M-hm. Als explizites Thema, glaube ich schon, gerade so mit der Lehrergeneration ist das sicher noch mal was, was man gezielt noch mal ansprechen muss und vielleicht auch einführen muss. Hilfreiches Material dazu vorstellen, weil das Beharrungsvermögen von Lehrkräften ist glaube ich schon relativ groß. Wer so in der dritten, vierten Klasse weiß, was er bisher so behandelt hat im Sachunterricht, der greift auch gerne auf bekannte Themen zurück. Und das so was zum sozialen Lernen, ja da ein neues Thema aufzugreifen, erst vielleicht auch Unsicherheiten hervorruft. Von daher ist in dem Bereich vielleicht mal eine hilfreiche Fortbildungsmöglichkeit auch noch ganz gut. Wobei es gibt diese Veranstaltungen der, der, wie heißt sie, die Hochdeutsche Gesellschaft für Demokratie, DeGeDe, Deutsche Gesellschaft für Demokratiepädagogik, die auch öfter Angebote machen, noch mal ganz, ganz wichtig. Oder so was „Kinderrechte machen Schule“[194]. Manchmal gibt es halt Materialien, die herausgegeben werden, wo man dann gerne drauf zurückgreift. Ich weiß jetzt gar nicht, wer das Heft heraus gegeben hat, ja?

Krause: M-hm.

Ebbert: Da, das ist natürlich immer ganz hilfreich, da noch mal zusätzliche Informationen zu haben und ein paar Anregungen. Das ist natürlich jetzt leichter, wenn auch wieder jüngere Kollegen in die Schule kommen, die da neue Ideen mitbringen oder in den JÜL-Klassen sitzen wir gelegentlich zusammen und machen gemeinsam Themenvorschläge, wo wir mal eine Stationenarbeit vorbereiten, wo man dann auch gezielt so ein Thema mal einbringen kann. Aber da glaube ich schon, dass es ab und zu noch mal wieder angesprochen werden muss, vielleicht auch mal Konferenzthema sein könnte als pädagogisches Thema. Dieses Thema Kinderrechte noch mal wieder gezielt aufzugreifen oder mal bewusst einzubeziehen. […]

Krause: Aus ihrer Erfahrung jetzt mit dem Projekt und so, halten Sie das für geeignet zum einen und auch für notwendig, das in alle Schulen zu transportieren? Oder sagen Sie, das ist okay für bestimmte Schulen, die sich diesem Thema widmen wollen, aber es ist jetzt nicht so zwingend, dass wir das überall machen? Oder wie schätzen Sie das denn ein? Oder sagen Sie, das ist so ein wichtiges Thema und das funktioniert auch so gut, dass es eigentlich verbindlich in allen Schulen sein sollte?

Ebbert: Finde ich eigentlich schon, ja, weil das so nach dem Rahmenplan ja auch Thema für alle Schulen ist. Es sind hier eine Menge Praxisanwendungen drinnen. Von daher finde ich das als Thema für alle Schulen wichtig und gerade auch so eine direkte Beteiligung von Kindern, so was stärker einzuführen, finde ich schon ganz wichtig. Viele Schulen machen das, die ich kenne, auch unabhängig von diesem Programm, die zum Beispiel mit dem Thema Klassenrat arbeiten, aus dem Demokratieprojekt. Aber das ist eine gute Weiterführung, hat noch mal auch hilfreiche Informationen für Schulen, die da bisher vielleicht nicht so viel mit zu tun gehabt haben. Und wir uns schon wünschen, dass das stärker noch verbreitet wird. Finden dann aber auch eigentlich immer wichtig,

---

194 „Kinderrechte machen Schule“ war ein gemeinsamer Projekttag der National Coalition für die Umsetzung der UN-Konvention über die Rechte des Kindes in Deutschland, des Vereins „Macht Kinder stark für Demokratie“, von UNICEF-Deutschland und der Deutschen Gesellschaft für Demokratiepädagogik anlässlich des 18. Jahrestages der UN-Konvention über die Rechte des Kindes in Deutschland am 20. November 2007.

dass es dazu auch gute begleitende Fortbildungen und Einführungen noch mal gibt zu dem Thema. Wie man mit dem Material umgeht und arbeitet und wie man es praktisch einsetzen kann. Das Schulen da auch mit begleitet werden. Und nicht nur der Ordner an die Schulen kommt, weil dann ist er häufig verschwunden bei der interessierten Lehrkraft oder in irgendeinem Schulbüroschrank.

Krause: M-hm, ja. Und jetzt noch mal ganz allgemein vielleicht, wenn wir jetzt losgelöst von Ihrer Situation hier in der Schule, wenn Sie jetzt daran denken, wie oft oder wie selten Ihnen möglicherweise das Thema Kinderrechte in der Zeitung oder im Fernsehen oder wo auch immer begegnet, glauben Sie, dass überall jetzt bekannt ist in Deutschland, dass es eine Kinderrechtskonvention gibt und dass Kinder Rechte haben?

Ebbert: Es war zumindest im letzten halben Jahr gerade häufiger noch mal Thema in der Presse. Gerade auch die Ablehnung, das ins Grundgesetz aufzunehmen. Was ja immer noch ein Diskussionspunkt ist. Aber, naja bei der Quote, wenn man jetzt eine Umfrage, eine repräsentative Umfrage machen würde, glaube ich nicht, das es über sechzig Prozent hinaus gehen würde, aber sonst, ja unter der Elternschaft ich, gut, hängt natürlich auch vom Bildungsgrad ab, das da viele Eltern, jüngere Eltern glaube ich schon drüber informiert sind, aber so in der Gesamtgesellschaft glaube ich nicht, dass das unbedingt der Kenntnisstand über die speziellen Kinderrechte so hoch ist.

Krause: Gut und jetzt letzte Frage. Artikel 42 sagt, wie gesagt, dass die Vertragsparteien verpflichtet sind kindgerechte und sachgemäße Methoden zu finden, um die Inhalte der Konvention den Rechtsträgern, also den Kindern, bekannt zu machen. Glauben Sie, dass die Bundesrepublik das in ausreichendem Maße tut? Oder dieser Bestimmung nachkommt?

Ebbert: Ne das glaube ich bisher leider nicht, weil wenn ich mir halt auch so OECD[195] Zahlen ansehe, wie unterfinanziert gerade der Bereich der elementaren Bildung und der, der, der Grundschulbildung ist, finde ich liegt da auch noch eine Menge im Argen, um so was auch stärker einzubeziehen. [...]

195 Organisation for Economic Co-operation and Development

Auszüge aus dem Interview mit Hella Schleef[196], Kinder- und Jugendbüro Steglitz-Zehlendorf e. V.[197]

[...]

Krause: Und wie funktioniert das jetzt hier praktisch, also die Arbeit von dem Kinder- und Jugendbüro? Wartet Ihr, dass hier, weiß nicht, ein Zwölfjähriger hinein kommt und Euch ein Problem schildert und Ihr löst es dann notfalleinsatzmäßig? Oder wie arbeitet Ihr?

Schleef: Also es ist eher selten, dass jemand hier herein spaziert kommt und um Unterstützung bittet zu einem konkreten Thema oder einem Problem oder so und es ist, also es gibt, würde ich sagen, so verschiedene, also sage ich mal, ja drei, vier Säulen. Und zwar einmal, klar haben wir die ganz konkrete Projektarbeit hier. Also wir konzipieren Projekte zur Förderung von Beteiligung und auch das wir Garantien und Struktur schaffen, dass Kinder und Jugendliche sich selbst für ihre Rechte, für ihre Anliegen einsetzen können, also sich am ganz konkreten Geschehen im Bezirk beteiligen können. Und das eben über ganz konkrete Projekte, aber da gehen wir aber eher in die Schulen, in die Kinder- und Jugendfreizeiteinrichtungen, in die Kieze vor Ort oder auch mal eine Beteiligungsaktion in einem Park, wo sich Jugendliche treffen. Und das machen wir viel in Kooperationen mit den pädagogischen Fachkräften dann vor Ort oder auch ganz, ja oder es entstehen über Projekte, die, wo wir eine Förderung haben, wir bieten das an hier zu dem Thema könnten wir zusammen arbeiten, da bilden sich dann selbst einfach Schüler-, Schülerinneninitiativen oder Jugendinitiativen, also Gruppen, die sich zusammenschließen und sagen zu dem Thema wollen wir was machen und die laden wir dann ein hier ins Kinder- und Jugendbüro, setzen uns mit denen zusammen und helfen ihnen so bei ihrer Projektarbeit, unterstützen sie. Und dann das andere ist, wir sind ganz viel in Gremien, bei runden Tischen und allem möglichem, wo eben, was weiß ich, AG 78[198], die Grup-

196 Hella Schleef hat Kindheitsentwicklung und Kinderrechte an der Freien Universität Berlin studiert.

197 Der Kinder- und Jugendbüro Steglitz-Zehlendorf e. V. ist die Koordinierungs- und Anlaufstelle sowie der Informationspunkt für Kinder- und Jugendbeteiligung im Berliner Bezirk Steglitz-Zehlendorf.

198 AG 78 bezeichnet Arbeitsgemeinschaft nach Paragraph 78 des Kinder- und Jugendhilfegesetzes (SGB VIII).

pen, die Gremien, die sich regelmäßig treffen. Da sind wir im Bezirk halt viel unterwegs, sind wir dabei und immer, um immer wieder das Thema Kinder- und Jugendbeteiligung und Kinderrechte auf den Tisch zu bringen, wenn es eben um Themen der Kinder- und Jugendhilfe geht, Kinder- und Jugendarbeit oder auch Thema Schule. Und dann sind wir auch Ansprechpartner für das Thema Schülervertretungsarbeit. Also wir unterstützen den Bezirksschülerausschuss und arbeiten an vielen Schulen mit der Schülervertretung direkt zusammen, bitten uns auch direkt, fragen direkt bei uns an, wenn irgendwie das nicht so ins Laufen kommt oder die Wahlen nicht klappen oder sie wollen irgendwie Projektgruppen gründen, dass wir dann mit unterstützen. So und dann so als, seit 2010, so als nächsten Bereich dazu gekommen ist dann noch eben der Punkt, die Arbeit mit pädagogischen Fachkräften auch Fort- und Ausbildung im Bereich Kinder- und Jugendbeteiligung, aber eben wichtig auch das Thema Kinderrechte immer wieder da mit unter zu bringen und die Verbindung zu schaffen. Und da hat sich mittlerweile darüber, dass wir solche Fortbildung angeboten haben, eine Kooperation auch mit dem sozialpädagogischen Fortbildungsinstitut[199] in Brandenburg haben wir dann 2010 erstmals eine mehrtägige Fortbildung angeboten. Dann haben viele Fachkräfte eben aus dem Bezirk, das waren um die zwanzig Teilnehmer, Teilnehmerinnen, haben wir uns da zusammen gefunden und daraus sind dann auch neue Kooperationen entstanden und auch ein Netzwerk, das, die haben dann im nächsten Jahr 2011, sind sie, unsere Fachkräftewerkstatt fast alle wieder aufgetaucht und arbeiten wir auch so ein bisschen gemeinsam an einem Konzept für den ganzen Bezirk, um festere Strukturen zu schaffen für Kinder- und Jugendbeteiligung. Und das ist so für mich noch mal ein wichtiger Punkt, gerade auch zum Thema Sensibilisierungsarbeit, die Einstellung, die Haltung, was ganz wichtig ist, finde ich, also für die Arbeit, die wir machen zur Beteiligung von Kindern und Jugendlichen. […]

Krause: Und seid Ihr mittlerweile ein akzeptierter Partner hier im Bezirk? Würdest Du das so sagen? Auch so von der Verwaltungsseite her oder wird das eher so betrachtet, naja, wir müssen hier auch so eine Stelle vorhalten, das machen wir halt jetzt zähneknirschend oder kommen, also oder ist das halt so, dass die mittlerweile auch richtig dran denken, Mensch wir, was weiß ich, wir machen hier einen neuen Park im Bezirk oder so und jetzt rufen wir auch das Kinder- und Jugendbüro an, damit die einbezogen werden oder wie läuft so diese Zusammenarbeit?

---

199 Sozialpädagogisches Fortbildungsinstitut Berlin-Brandenburg

Schleef: Doch mittlerweile, also wie gesagt, ich bin erst seit 2010 dabei, aber ich weiß das war lange Sensibilisierungsarbeit und viel natürlich auch verhandeln und immer wieder präsent sein auch mit dem Thema, hat sich da einiges verändert und es gibt von Seiten also des Bezirkes doch mittlerweile, das ist ein sehr, also es sind sich dessen sehr bewusst, hier ist das Kinder- und Jugendbüro und es ist für diesen Bereich zuständig und deshalb, also es ist natürlich immer personenabhängig, also wer jetzt gerade an welcher Stelle auch sitzt und gewillt ist, das so, da so weiter zu wirken, wie es vielleicht der Vorgänger oder Vorgängerin gemacht hat, aber es gibt, es hat sich zum Beispiel entwickelt das, mittlerweile es so ist, dass es eine Dienstanweisung gibt im Bereich Spielplatzplan, also Naturschutz und Grünflächenamt, alles was irgendwie, also vor allem Spielplatzplanung, da gibt es eine konkrete Dienstanweisung, wenn ein Spielplatz geplant oder umgestaltet wird, müssen Kinder und Jugendliche beteiligt sein und das geht über das Kinder- und Jugendbüro, also da werden wir immer konkret angefragt. Wir sitzen auch in der Spielplatzkommission mit einer Stimme drinnen und es geht jetzt auch soweit, also vorletztes Jahr war dann auch eine Straßenplanung, da wurden wir auch vom Naturschutzamt dazu geholt. Das ist aber dann schon eher, also da müssen wir immer so ein bisschen nachhaken, dass das auch noch mal konkreter irgendwo festgeschrieben wird, dass es eben nicht nur eine Person hängt. Aber die Spielplatzplanung das ist klar und ja in anderen Bereichen wie Bezirksschülerausschuss oder Schülervertretungsarbeit das ist auch schon mit dem Kinder- und Jugendbüro im Beteiligen verbunden und ja es ist eben, wie gesagt, also meiner, aus meiner Sicht hängt das sehr an den Personen und ja, also zum Beispiel Jugendhilfeausschuss, also wir haben da keinen Sitz und wir arbeiten aber gerade daran, sind ganz gut dabei und haben auch schon einiges erreicht, dass eben auch Jugendliche einen beratenden Sitz bekommen im Jugendhilfeausschuss. Also solche Dinge, da muss man aber noch mit Geduld ran gehen und nach uns nach für das Thema auch oder dass sich mehr mit dem Thema auseinandergesetzt wird, ja.

Krause: M-hm, okay. Ihr arbeitet ja hier im Bezirk auch mit Schulen zusammen…

Schleef: M-hm.

Krause: …um Kinderrechte voranzubringen und um Eure Arbeit sicherlich auch vorzustellen. Kannst Du da beschreiben, was für Projekte Ihr dort gemeinsam mit den Schulen macht und wie Ihr da zueinander findet, dass diese Projekte stattfinden?

Schleef: M-hm. Ja, also Schule ist da noch mal so ein ganz eigenes Thema. Da ist es auch noch mal, also ein Unterschied eben, was für ein Schultyp. Also ob jetzt eher mit Grundschule oder eben Oberschule oder auch die anderen Schultypen. Es gibt auch noch, im Bezirk gibt es auch noch Förderschulen, da haben wir zum Beispiel, also ganz unterschiedliche Erfahrungen, wie denn die Zusammenarbeit ist. Aber ich würde mal sagen, also einmal ist ja unser Ansatz erst mal auch wirklich, wenn wir Projekte anbieten, für mich das Wichtigste ist, dass die Kinder oder Jugendlichen auch selbst wählen, dass sie an diesem Projekt teilnehmen und freiwillig sagen, so wir wollen uns für dieses Thema engagieren, wir wollen darüber mehr erfahren und das ist mit den Jugendlichen sage ich mal in Anführungsstrichen einfacher, weil wir da zum Beispiel ja die direkten Kontakte haben zu vielen Schülervertretungen und dann die Projekte bekannt machen über die Schülervertretung. Also direkt über die Schüler und Schülerinnen. Das geht natürlich dann auch immer noch, man kommt ja bei Schule nicht so ohne weiteres direkt an die Schüler und Schülerinnen, aber wir haben doch da ein Recht, also als Kinder- und Jugendbüro kommen wir da doch einfacher auch dann direkt an das Postfach, sage ich mal, oder auch an den direkten Kontakt über den Bezirksschülerausschuss, wenn wir die da dann regelmäßig treffen. Und das ist so eine Form, so an Schule oder in Schule dann auch rein zu kommen. Und mit Grundschulen, also wir informieren mit unseren Projekten einfach allgemein mit Flyern an die Schulen, da gibt es wenig Rücklauf. Bei Grundschulen aber eben mehr und da ist auch noch ein ganz, ganz guter Kontakt für uns immer, wenn es Schulsozialarbeit gibt. Also es gibt ja die Schulstationen hier in Berlin und da haben wir natürlich mit dem pädagogischen Fachkräften direkteren Kontakt und die sind auch eher noch mal so auf der Suche oder vielleicht auch eher sensibler auf Themen, die wir dann da vorstellen und eben den Vorschlag machen, man könnte ja vielleicht da zusammen arbeiten.

Krause: M-hm, prima. Macht Ihr denn Projekte mehr so im Rahmen des Ganztages oder richtig im Unterricht? Und wie reagieren eigentlich die Lehrkräfte auf Eure Angebote?

Schleef: Ja. Das ist auch ganz unterschiedlich. Also jetzt gerade eben letztes Jahr das Projekt zu den Kinderrechten, das wir letztes Jahr angefangen haben, da haben wir, also ist ganz unterschiedlich gelaufen, deshalb wollte ich eben auch extra offen lassen, dass es die Möglichkeit gibt, einmal dass die Kinder selber sagen, sie wollen das machen, weil es eben, also wenn es so ist, wenn es über Lehrer, Lehrerinnen geht, was dann auch der Fall war, bei den Grundschulen. Klar dann melden sich Lehrer, Lehrerinnen direkt, aber mich interessiert das Thema, wollte ich schon immer was dazu machen, kann ich aber selber nicht, könnt ihr da nicht mal kommen? Und dann ist es schon im Rahmen des Unterrichts beziehungsweise natürlich ein veränderter Unterricht, also wenn ich sage, sagen wir für diesen Workshop, für diese Projekttage brauchen wir so und so viel Zeit. Die Lehrer und Lehrerinnen, die müssen sich dann mit ihren Kollegen, Kolleginnen absprechen und schaffen uns sozusagen den Raum und die Zeit. Aber es ist im Rahmen, also was heißt im Rahmen, in der Zeit des Unterrichts. Und mit den Jugendlichen, wenn das dann, 2010 hatten wir zum Beispiel ein Projekt zum Klimaschutz, Klimawandel angeboten, dass wir da Gruppen unterstützen, die gerne sich zu dem Thema was überlegen an ihrer Schule und die haben dann teilweise das in AG's gemacht. Da haben die selber gesagt, sie gründen jetzt dazu eine AG oder hatten da einen engagierten Lehrer, Lehrerin an der Seite, die gesagt haben, wir unterstützen das. Aber die treffen sich dann auch teilweise in ihren Pausen oder AG-Zeiten. Also so und ja und dann eben über so was wie Schüler-Clubs. Es gibt noch einen Schüler-Club, dann ist es schon ein Teil, also das Ganztag oder des Schulprogramms sage ich mal, aber nicht im Rahmen des Unterrichts, es sind dann ja auch diese etwas widersprüchlichen Wahlpflichtfächer, wo sie dann oder wie nennt sich das, ein ist das Wahlunterrichtsfach, wo sie dann, dass die Schüler und Schülerinnen selber auswählen wollen, in der und der Zeit zum Beispiel gibt es dann die Kiez-Detektive und die können sich dann Themen ran holen auch von außen eben mit Kooperationspartnern und da sind wir dann auch oft mit einbezogen.

Krause: M-hm. Und wenn jetzt, also wenn, also angenommen so ein Lehrer sagt, ich habe hier Interesse an Kinderrechten irgendwie kommt mal in meinen Unterricht und macht da gemeinsam mit mir was. Was macht Ihr dann ganz konkret? Also wie läuft das dann ab?

Schleef: Ja. Also ganz konkret hatten wir eben letztes Jahr, also so richtig zu Kinderrechten, konkret Kinderrechtsbildung, wie das immer so genannt wird, haben wir letztes Jahr ein Projekt angeboten. […] Und dieses „Kinderrecht und Action", so heißt das Projekt, war ein Projekt, dass dann auch Kinderrechte mit Medienarbeit, das verbindet, also diese Idee, das eben erst mal die Kinder überhaupt sich mit ihren Rechten auseinandersetzen, weil die Erfahrung, meine Erfahrung ist oder die Erfahrung vom Kinder- und Jugendbüro und auch über andere Träger, dass Grundschulkinder, also aber auch andere, also jetzt Oberschule, aber dass eben auch Grundschulkinder noch sich überhaupt gar nicht mit dem Thema auseinander gesetzt haben. Also das ist meine Erfahrung oder vielleicht mal, das ist das erste, dass man natürlich in der Runde, in der Schulklasse oder in der Gruppe fragt, habt ihr schon mal was gehört von den Kinderrechten? Und selten kommen zaghafte Rückmeldungen, ja haben wir schon mal gehört oder vielleicht zur Vorbereitung der Projekttage wurde das mal erwähnt, hm, ja da habe ich mal irgendwie in ein, zwei Mal drüber geredet hier in der Schule, aber nicht mehr und deshalb erst mal so die, der erste Teil des Workshops ist so, also der erste Tag ein langsames Herangehen an, was sind die Kinderrechte und aber auch so aus der eigenen Perspektive, also erst mal überlegen, was braucht ein Kind, was brauche ich, also die Kinder sich selber überlegen, was brauche ich? Was ist wichtig, damit ich glücklich und gesund lebe? Und dann sammeln sie erst mal und dann wird so langsam so das vergleichen mit den Kinderrechten, die eben ja von Erwachsenen geschrieben sind, um dann doch festzustellen, dass da sehr viel, dass sie selber schon sehr viel genannt haben, was da auftaucht und deshalb auch es sich besser vorstellen können, was dahinter steckt, hinter diesen abstrakten Begriffen und Artikeln. Und das ist so der erste Teil und dann eben schon auch so ein bisschen ein Input dazu, diese Kinderrechte die wurden mal geschrieben für euch Kinder und Jugendliche und wie die entstanden sind und was sie heute so für eine Bedeutung haben, wie die Umsetzung funktioniert oder eben nicht funktioniert und da ist, finde ich auch ganz spannend, dass es eben doch auch gerade mit, also ab dritter, vierter Klasse haben wir jetzt gearbeitet mit dem Thema, dass die da sehr großes Interesse haben und auch sehr viel nachfragen und so. Also auch so Fragen ja und wer hat es sich denn überhaupt als allererstes Mal ausgedacht? Also und woher kommt das? Und warum waren da keine Kinder beteiligt? Oder ja, genau, und warum haben sie daran nicht gedacht oder so. Genau und dann an dem nächsten Tagen geht es dann, also bei diesem Projekt konkret darum, dass sie sich in ihrem eigenen Umfeld also an der Schule oder auch irgendwie an Kinder- und Jugendfreizeiteinrichtungen sind, umschauen, wie steht es um die Kinderrechte aus unserer Sicht? Also wo werden die vielleicht wirklich schon irgendwie, wo taucht da schon was auf, was in die Richtung geht, das sich jemand für unsere Rechte einsetzt oder wir uns selber für unsere Rechte einsetzen, aber eher geht es immer, wo fehlt noch was? Wo müsste man noch was verbessern? Und dass sie dann da ansetzen, so an dem, nachdem sie sich so ein bisschen, nachdem sie ein bisschen meckern konnten dann in dem Workshop auch hier und da und jenes, da wollen wir aber mitreden, da muss sich noch was tun, dass sie daraus dann ein Ideenprojekt entwickeln, wie sie das bekannt machen, mit einem Medium, also Filmen oder eine Zeitung machen oder Theaterstück, Geocaches haben sie versteckt im Bezirk, an Spielplätzen, wo sie eben auf irgendetwas aufmerksam machen wollten.

Krause: M-hm, also kann man schon sagen, dass es auch eine Nachhaltigkeit über das eigentliche Projekt, über den Projektzeitraum an der Schule hinaus hat? Kann man das so sagen?

Schleef: Hm, das hängt dann wieder sehr von den jeweiligen Begleitpersonen vor Ort ab und da sind wir eben, das ist für mich etwas, wo ich noch auch an der, am Konzept des Projektes weiter rumtüftle, um zu sehen, wie man das noch auch vielleicht vor Ort mehr festigen kann, dass es dann auch weiter geht. Das ist nämlich ja, sehr, sehr davon abhängig, wie dann Lehrer, Lehrerinnen damit auch weiter arbeiten, da habe ich auch ganz, da kann ich gleich noch mal was sagen, ganz unterschiedliche Erfahrungen, wie die damit umgehen. Oder eben irgendeine andere pädagogische Fachkraft, wie von der Schulstation oder so, dann noch das Thema weiter auch an der Schule halten. [...] Das hängt dann an Personen vor Ort und dann gibt es engagierte Lehrer und Lehrerinnen, da passiert etwas. Andere haben diese Projekttage aber so gesehen, da kommt jemand von außen in die Schule und wir können was anderes machen und haben sich gar nicht mit dem Thema auseinander gesetzt. Die waren auch nicht dabei und also, oder vielleicht mal, also kleine Aufsichtspersonen wird uns dann rein gesetzt, vielleicht und das finde ich dann kritisch, weil es sehr, sehr so ein punktueller, so ein Einsatz ist, so wir sind mal da, die Kinder haben was gehört von ihren Rechten, aber eigentlich, wenn die Erwachsenen dann die, mit denen sie tagtäglich zu tun haben, nichts davon wissen, sich gar nicht auseinandergesetzt haben, kommen eben auch die Kinder nicht viel weiter dann damit. Also gerade sind das für sie oft so Aha-Erlebnisse, diese Workshops. Wow, ich hab diese Rechte und das wusste ich gar nicht und kann ich da nicht, also die haben wirklich interessante Diskussionen und Themen, die aufgeworfen werden von Kindern. Auch zum Beispiel das Thema gewaltfreie Erziehung, das ist oder das Thema das Recht auf Ruhe, Freizeit und Erholung, wo dann die Kinder sagen, ja. Also für mich ganz wichtig, eines der wichtigsten Rechte, die ich jetzt hier so entdeckt habe ist, ich brauche auch mal Zeit für mich selber, ich möchte nicht immer nur nachmittags im Verein, von einem Programmpunkt zum anderen rennen, ich habe so viel Schule und ja und damit setzen sich die Kinder auseinander, aber natürlich ist für mich dann die Frage, wie kommt das zu Hause, wenn sie zu Hause mit solchen Themen ankommen, die Eltern wissen nichts von den Kinderrechten, verstehen gar nicht, von was die Kinder dann plötzlich reden. Vielleicht sogar bringt das sogar Konflikte auf und genauso mit Lehrer und Lehrerinnen.

Krause: Also ich hatte das vorhin ganz kurz im Kopf und habe mich nicht getraut zu fragen, ob das Lehrkräfte sozusagen, nehmen sozusagen, damit Ihr den Unterricht übernehmt und die sich so zu sagen da ein bisschen zurück lehnen können. Kannst Du das prozentual irgendwie einschätzen? Ist das, sind das Einzelfälle oder kommt das häufiger vor oder?

Schleef: Hm, schwierig jetzt so, hm. Also vor allem, also es ist schwierig zu sagen, weil also wenn wirklich ein Lehrer oder eine Lehrerin uns anfragt, können wir zusammen das machen mit meiner Klasse oder mit meinen Klassen, dann sind sie normalerweise schon wirklich am Thema interessiert und wollen das auch mitkriegen. Und wir geben dann dazu auch noch mal Material, also dass die auch eventuell auch Methodentipps, dass sie weiter arbeiten können und die sind dann auch wirklich dran interessiert. Das andere ist, wenn es zum Beispiel eben über so eine, über die Schulstation geht, der Schulsozialarbeit und dann organisieren die das mit bestimmten Klassen und dann habe ich die Erfahrung gemacht, in einer Schule, dass ja die Lehrer und Lehrerinnen da auch gar kein Verständnis auch dieser Kampf immer, gebe ich da mein Unterrichtfach her oder ja also einfach auch die Kommunikation nicht klappte und wirklich die, also die Honorarkräfte vor Ort da nicht auf Verständnis getroffen sind, was sie da jetzt, wieso sie jetzt hier auch den Klassenraum völlig umräumen und solche Sachen. Also da haben wir wirklich, das war vielleicht jetzt, gar nicht irgendwie, ja, also das letzte Jahr haben wir mit neuen Gruppen, aber das waren nicht alles Schulen, deshalb ist das so schwierig zu sagen.

Krause: M-hm. Aber es war jetzt nicht ein Einzelfall?

Schleef: Ne, ne, das ist kein Einzelfall. Ne, ne, kein Einzelfall. Außer jetzt auch mit ProNats[200], mit dem anderen Verein da haben wir die Erfahrung ja auch und da ist es auch unterschiedlich. Also mal sind sie voll dabei, aber es ist so, also es sind vielleicht schon eher mehr, die dann glücklicherweise, die sich auch dafür interessieren, aber es sind immer wieder welche dabei, die sich da rausziehen wollen und das eher so als Entlastung für sich sehen und nicht um eine Nachhaltigkeit damit irgendwie wollen.

Krause: Kann man irgendwie ein Muster feststellen bei den Lehrkräften, die Interesse haben, dass die für Fächerbereiche unterrichten? Gibt es da irgendwie einen Zusammenhang? Oder ist das zufällig?

Schleef: Also die, es gibt ja diese Lebenskunde Fächer, dieses Lebekundefach, oder wie sich das immer nennt, und die sind dann schon, die machen das ja auch selber teilweise und wünschen sich das dann so als Zusatz noch oder unterstützt so das Thema Kinderrechte. Also sie beschäftigen sich sowieso mit Menschenrechten und dann auch noch mal speziell mit Kinderrechten und da ist das Interesse dann auch, also inhaltlich wirklich da, aber sonst bei den anderen Lehrern

200 ProNats e. V. ist ein Verein zur Unterstützung arbeitender Kinder und Jugendlicher.

und Lehrerinnen finde ich es schwierig zu sagen. Es ist eher wirklich, hängt von der Person ab, wie sie es sowieso für den Unterricht, also wie sie den Unterricht gestaltet, würde ich sagen. Also so die Einstellung und Haltung spielt da eine große Rolle, ja.

Krause: Ja. Jetzt hast Du vorhin gesagt, Ihr habt jetzt selber angefangen Fortbildungsmodule oder so für Lehrkräfte anzubieten.

Schleef: Nicht für Lehrkräfte, das sind, ne, sondern für pädagogische, also Schulsozialarbeit ist dabei und eben pädagogische Fachkräfte aus Kinder- und Jugendfreizeiteinrichtungen. Also nicht aus Schule. Da waren…

Krause: Warum nicht für Schule?

Schleef: Das war sozusagen, wir haben angefangen mit, mit den pädagogischen, ja das sind auch pädagogische, also von Kinder- und Jugendfreizeiteinrichtungen, also außerschulische Bereich, weil wir einmal diese Zusammenarbeit eben mit dem SFBB[201] haben und das ist ja nicht für Lehrkräfte, sondern das wäre dann das LISUM[202] und da hatten wir gedacht, ja da wollen wir auch ran, das wollen wir auch in Angriff nehmen, aber eben wir haben einfach nur begrenzte Möglichkeiten und das ist schon noch mal ein, aus Erfahrung würde ich sagen, noch mal schwieriger und ein größerer Schritt da mit Lehrer und Lehrerinnen zusammen zu arbeiten, also dass die, klar wenn es über so ein festes Angebot geht, Fortbildung für Lehrer und Lehrerinnen, wenn wir da drinnen sind, ja, aber wenn wir das so frei anbieten, dann sind das doch wieder nur die, die sowieso schon sich engagieren, interessieren und sich damit auseinandersetzen. Und da müsste man noch mal so ein ganz eigenes, da müsste man sich schon mal ausführlicher mit beschäftigen, wie man das angeht. […]

Krause: Und gibt es so eine Interessensbekundung von Seiten der Lehrerschaft auch? Oder nehmt Ihr da was war?

Schleef: Uns gegenüber, also nicht jetzt, also konkret, dass sie da, ne kann ich jetzt nicht sagen, also nicht, dass da irgendwelche konkreten Äußerungen, aber es war, es war spannend jetzt beim Kinder- und Jugendforum, da waren natürlich viele Kinder mit ihren Eltern da und die Eltern, die haben als Rückmeldung gegeben, och könnt ihr das nicht auch in der und der Schule machen, da habe ich auch Kinder. Das Thema, das kommt viel zu, das kommt entweder zu kurz oder

---

201 Sozialpädagogisches Fortbildungsinstitut Berlin-Brandenburg

202 Landesinstitut für Schule und Medien Berlin-Brandenburg

kommt gar nicht vor und das die Eltern sich dafür interessieren, so dass die Kinder das in der Schule mitnehmen. Aber von den Lehrer und Lehrerinnen habe ich gemerkt, dass sie manchen, dass die auch so ein Aha-Erlebnis, wie eben die Kinder, oh wow, das ist ja ein spannendes und wichtiges Thema, müsste man mal ein bisschen mehr zu machen, aber nicht, dass sie auf uns zugegangen wären und gesagt haben, habt ihr da was für uns, ne.

Krause: Hast Du da eine Ahnung, warum das vielleicht nicht so ist? Oder sagen die Lehrkräfte möglicherweise, wieso sie das Thema nur so gering behandeln, oder?

Schleef: Hm, also das ist ja immer wieder, also mit, nicht nur jetzt zum Thema Kinderrechte, sondern allgemein, wenn wir von außen vielleicht auch Projektideen oder inhaltliche Sachen bringen, dass es ach ja, würden wir ja gerne, aber mit, unser Lehrplan ist voll, also oder wir müssen uns, müssen so viel machen, dann können wir nicht noch zusätzlich und dann müssten sie sich auch erst mal so selbst mit auseinandersetzen. Das ist ja auch nicht was, also wenn es jemand, wenn wirklich der Ansatz und die Haltung da ist, dass soll auch richtig rüber gebracht werden, dann ist es ja auch Kinderrechte jetzt mit ein Thema, dass man jetzt einfach mal schnell theoretisch als Input gibt, sondern da sollten sich ja auch wirklich Kinder selbst mit auseinandersetzen können und da reicht dann die Zeit nicht, also immer dieses Argument Zeit und Aufwand und alles zu viel.

Krause: M-hm. Wenn Ihr jetzt in die Schulen rein geht mit Euren Projekten, hast Du ja schon beschrieben, dass Ihr dann auch so versucht zu erheben, was wissen die Kids schon und was nicht und die Grundschulkinder hattest Du gesagt, wissen relativ, haben da relativ wenig Hintergrundwissen. In den Oberschulen seid Ihr auch, ne hast Du gesagt?

Schleef: Ja.

Krause: Gibt es da irgendwie schon bisschen was, was von den Kindern kommt, oder?

Schleef: Ne, also Oberschule, wir waren jetzt, das war aber eher zufällig hatte sich da eine Kooperation mit der Montessorischule hier ergeben und das sind ja so altersübergreifende, jahrgangsübergreifende Klassen und das waren dann sogar bis Siebzehnjährige in der Klasse. Also und da war das auch noch ein völlig neues Thema für sie. Dann habe ich in den letzten zwei Jahren, haben wir, also das ist nur so vereinzelt, also kann ich jetzt nicht wirklich nicht so allgemeine

Aussagen treffen, mit Zehntklässlern und so Projektetage zum Thema Demokratie und da hatte ich dann auch immer, haben wir verschiedene Themen angeboten und eben auch das Thema Mitbestimmung und die Rechte der Kinder und Jugendlichen und bei den Zehntklässlern, die dabei waren, es waren mehrere Klassen, hatte noch nie jemand etwas davon gehört. Wenn ich dann so, wenn man dann so ran geht über Menschenrechte, okay, also das hat man ja schon gehört und dann ja, vielleicht haben wir dann auch, aber selten, also das sind immer nur Einzelfälle, die sagen, sie haben sich damit schon auseinandergesetzt oder eben, wenn dann in der Klasse, das war auch ganz witzig, dann plötzlich doch jemand ganz schön viel wusste und ja das waren dann halt auch schon mal so Projekttage mit einem anderen Träger. [...]

Schleef: Also ich weiß jetzt , genau, viel arbeiten wir mit einer Förderschule, die eben Förderschule heißt, hier zusammen mit vielen Projekten, da sind dann engagierte Lehrer, Lehrerinnen und auch von der Schulstation, die sind sehr interessiert immer an allen Angeboten und da ist es dann, die haben ja auch noch mehr Raum an diesen Schulen, mehr Raum für solche konkrete Projektarbeit. Und die können sich wirklich dann auch die Zeit nehmen und da sind, das dann auch die Lehrer und Lehrerinnen, aus meiner Erfahrung jetzt mit dieser Schule hier, die sich dann wirklich auch Material besorgen, sich die Zeit nehmen, das vor- und nachzubereiten, weil auch die Kinder und Jugendlichen noch mal ein bisschen mehr Zeit auch brauchen, um sich diesem Thema zu nähern und sich damit auseinanderzusetzen. Und da war zum Beispiel ein Ziel oder so, sie wollen das Kinderrechte bekannter werden an Schulen, war so ihre, ihr Anliegen im Kinder- und Jugendforum und haben sich halt dementsprechend, haben einen Filme, einen kleinen Film gedreht, wo sie einfach das, die Rechte nachgespielt haben, so Szenen und darüber, also so die Idee, das weiter zu verbreiten, denn es müssen ja die anderen Kinder auch wissen. Also solche Ideen entstehen, aber wie gesagt, dass ist dann sehr abhängig, wie dass dann auch unterstützt wird vor Ort von Erwachsenen oder von der Schule auch selbst. Also es ist ja dann, es sind da, es braucht ja dann irgendwie, also wenn dann zum Beispiel in den Grundschulen so etwas wie die Beteiligungsstrukturen, wenn es Beteiligungsstrukturen überhaupt gibt, also irgendwie eine Form der Schülerbeteiligung, dann sind das Wege, wo ich sagen will, da kann man ja ganz konkret auch weiter arbeiten und also mit Multiplikatoren, Multiplikatorinnen rechnen. Aber da sind wir, also da muss ich auch sagen, dass ist für mich so dieses Jahr sehr, vor allem hoffe ich wieder die Finanzierung, wenn es wieder Finanzierung gibt für das Projekt, wären das so Ansätze, um zu schauen, dass man da eben mehr Nachhaltigkeit schafft. Oder eben auch, dass es sich verselbständigt an der Schule. Aber da sind, da kann ich noch nicht so konkret was dazu sagen.

Krause: M-hm. Und von Deiner Erfahrung aus, in Berlin und Brandenburg, das ist ja ein gemeinsamer Lehrplan, gerade, also zumindest im Grundschulbereich, da sind Kinderrechte ja mit verankert, erstmal.

Schleef: Ja.

Krause: Ob das dann stattfindet, ist ja eine andere, aber formal steht das ja drinnen. Und wenn Ihr das jetzt beobachtet, wenn Ihr in die Schulen geht oder mit Jugendlichen arbeitet und mit Kindern, würdest Du sagen das hat ein Effekt? Da gibt es jetzt über die Zeit beobachtet irgendwie eine Zunahme von Kindern, die sich ihrer eigenen Rechte bewusst sind? Oder ist das, gibt es da eben keinen Effekt und das ist eigentlich irrelevant, was in dem Rahmenlehrplan steht?

Schleef: Hm, also ich glaube, ja, schon dadurch, dass es drinnen steht auf jeden Fall, denke ich, kommt es ab und zu mal doch, dass, also kommt es dazu, dass Lehrer und Lehrerinnen das auch wirklich mal aufgreifen, sonst würde das vielleicht gar niemanden, würde gar niemand auf die Idee kommen, das zu machen und ich meine, also jetzt nicht hier im Bezirk, aber in Kreuzberg zum Beispiel, kommt man, komme ich in eine Schule rein, wo wir auch solche Workshops durchgeführt haben und da hängen erst mal im Eingang die Kinderrechte von den Kindern selber geschrieben. Und solche Dinge, denke ich, sind dann schon die Folge von solchen, also einmal natürlich so Sensibilisierungsarbeit, aber auch dass im Rahmenplan das auftaucht und dann doch noch die Frage, oh, was ist das? Und sich doch mal damit auseinander zu setzten, aber dann hängt es wieder an einzelnen, die dann auch wirklich ein bisschen damit arbeiten wollen und müssen sich ja doch auch das Hintergrundwissen beschaffen. Und das, aus meiner Erfahrung, haben die wenigsten Lehrkräfte bisher, dass sie da irgendwie was in der Hand, selber irgendwie was in der Hand haben, in ihrer Ausbildung, ihrer Fortbildung hören sie etwas davon. Oder auch zu wenige Fortbildungen würde ich sagen, zu dem Thema.

Krause: M-hm. Gut, wenn Ihr in den Schulen drinnen seid, die sich auch, für das Thema interessieren und Euch eingeladen haben, merkt man da, dass insgesamt von der Schulkultur oder vom Schulklima generell irgendwie möglicherweise irgendwie ein anderer Umgang, eine Aufgeschlossenheit, also kann man da irgendwie sagen, dass die Kinderrechte irgendwie da vielleicht auch ein bisschen mehr, eher gelebt werden, verinnerlicht sind, oder?

Schleef: Hm, schwierig. Also ich, meine, also das ist jetzt meine Meinung.

Krause: Ja, ja.

Schleef: Meiner Meinung nach ist sowieso, dass Schule so, wie sie jetzt funktioniert, wie sie angelegt ist, wie das System Schule ist, entspricht überhaupt nicht, also nicht überhaupt nicht, aber das meiste nicht dem, was in den Kinderrechten steht. Und deshalb ist es sehr schwierig, also es ist auch wirklich für uns ein ganz schwieriger Punkt, wenn wir in Schule kommen, von außen und uns mit den Kindern hinsetzen und über dieses Thema unterhalten und über ihre Rechte, dass wir ganz oft da an Grenzen stoßen, weil da natürlich die Kinder entdecken so, hm, aber eigentlich ja, wenn ich das Recht darauf habe, warum läuft das hier dann so? Und wo wir dann natürlich da stehen und so ein bisschen schwierig für uns ist, dann muss man ja doch auch erklären oder doch noch mal dann andere Wege, ja so ist es und nicht einfach nur sagen, ja dann müsst ihr was dagegen machen, weil so einfach ist es nicht und wir wollen jetzt ja auch nicht, dass dann die Kinder da in große Konflikte geraten oder sich da, ja ganz frustriert wieder raus gehen. Weil das eben doch der Punkt ist, ja, warum können wir dann nicht mitreden, was hier im Unterricht gemacht wird? Ja natürlich, also ihr habt das Recht eigentlich dazu. Sogar, es gibt ja sogar Schulgesetze da noch, die das noch übertragen und also da muss ich sagen, bin ich noch in keiner Schule gewesen jetzt, gut es gibt ja die freien Schulen, also die haben ja noch mal ganz andere Funktionsweisen, aber sonst, dass sich das so richtig wieder spiegelt, aber vielleicht, ja, zum Beispiel eine Lehrerin, die letztes Jahr da unbedingt mitmachen wollte und da hat man einfach gemerkt, diese Klasse oder die Lehrerin, die Klassenlehrerin, die arbeitet mit denen mehr, also die arbeitet wirklich partizipativ mit den Kindern und da merkte man, die konnten auch wirklich mehr damit anfangen und haben sich auch wirklich dafür interessiert, weil die das auch aus ihrer Erfahrung, also es war für sie nicht irgendwie ein Feld, dass total im Widerspruch stand jetzt mit ihrem Alltag. Und das lag natürlich an der Lehrerin, wie sie das macht, aber da kann man nicht auf die Schule beziehen, ja.

Krause: Ja, m-hm. Aber es gab jetzt auch noch keine Schule, die bewusst gesagt hat, wir arbeiten irgendwie an unserer neuen Schulsatzung oder an einem Leitbild für unsere Schule und kommt doch mal mit dazu und

Schleef: Das gibt es, m-hm.

Krause: Doch, das gibt es schon.

Schleef: Das gibt es, aber ja klar, also das habe ich jetzt in den zwei Jahren nicht, war keine Anfrage in der Hinsicht, aber davor, also die Vorgängerinnen noch, vom Kinder- und Jugendbüro, die haben mit ein paar Schulen im Bezirk Leitbildentwicklung gemacht. Also da haben wir auch Projektdokumentationen, die ich mir auch angeschaut habe. Also das ist sehr spannend das Thema, es ist natürlich immer so eine Frage, also ist das nur dann eine einmalige Aktion, man entwickelt zusammen ein Leitbild oder wird das dann auch wirklich weiter gelebt? Dieses gemeinsame entwickeln von, vom Leitbild, von Regeln, von Umgangsformen und alles, aber auf jeden Fall diese Ansätze gibt es, ja und da, aber das wurde damals, also soweit ich weiß aus den Dokumentationen auch hervorgeht, nicht mit Kinderrechten verbunden und das wäre für mich zum Beispiel, also wenn ich jetzt eine Anfrage bekommen würde, für mich ist das immer ein guter Ansatz, also so ein, so ein, eine Basis. Erst mal mit den Kindern und auch den Erwachsenen über die Kinderrechte zu sprechen und warum also das ist so als Basis zu nehmen, einiges. Ist jetzt ja auch nicht, aber es ist so ganz gut, dass zu verbinden und das war bisher jetzt nicht so, aber es gab auf jeden Fall Anfragen zur Leitbildentwicklung und jetzt dieses Jahr habe ich Anfragen von ein, einer Schule auf jeden Fall, eine andere ist noch nicht sicher, die wollen so etwas wie Schülerparlamente einrichten und das eben gemeinsam entwickeln mit uns und mit den Schülern und Schülerinnen. Also solche Sachen, ja, das gibt es auf jeden Fall. Aber ich würde jetzt da nicht einen direkten Bezug herstellen oder könnte ihn nicht herstellen, da ist Kinderrechte an der Schule Thema.

Krause: M-hm. Und wenn Du jetzt noch mal ganz global so zu sagen hier auf Deine Art und Deine Bezirk so schaust und noch mal drüber nachdenkst, Artikel 42 sagt wir müssen den Kids die Kinderrechte bekannt machen, wie weit sind wir da?

Schleef: Nicht weit. Auf keinen Fall. Also wir müssen die Kinderrechte, also der Staat muss sich eigentlich dafür einsetzen und das wäre ja dann so zu sagen über den Staat, dass es an den Bezirk geht und das der Bezirk auch wirklich, also von oben von den Entscheidungsträgern da ja die Möglichkeiten und, also die Ressourcen geschaffen werden, die Strukturen auch geschaffen werden und entsprechende Informationen auch fließen und das sehe ich nicht.

Krause: M-hm, okay.

Schleef: Das ist immer so der gute, also dass das natürlich wenn ein Thema Kinderrechte, Kinder- und Jugendbeteiligung ist immer gut, aber nicht, dass dann wirklich auch was praktisch so gemacht wird und da, ja das Kinder- und Jugendbüro ist dafür zuständig und wir sind, ja eine Stelle für den ganzen Bezirk und da muss es, da bräuchten wir entweder zur Unterstützung einiges an Ressourcen oder Wege, Strukturen oder eben man müsste da noch mehr Multiplikatoren, Multiplikatorinnen haben. [...] Also dieses, ja, die eigenen Rechte zu kennen, aber dann überhaupt gar nicht in dieser Hinsicht das im Alltag zu erfahren, das man diese Rechte auch umsetzen kann. Oder beziehungsweise sie überall nur verletzt werden, dann ja, kommen wir da auch nicht weiter. Das ist für mich so ein ganz wichtiger Punkt und deshalb auch dieser Ansatz von den Workshops, wirklich von dem Alltag aus zu gehen und ganz konkret, auch wenn es dann nicht genau den Artikeln der Kinderrechtskonvention entspricht, aber die Kinder sagen, so hier das und das und das ist uns wichtig, dann damit zu arbeiten auch. Ja. [...]

Auszüge aus dem Interview mit Peter Ernst, Lehrer an der Grundschule „Am Griebnitzsee", Potsdam-Babelsberg

[...]

Krause: Gab es im Vorfeld [*bevor die Schule entschieden hat an dem Modellprojekt des AJC teilzunehmen*] keine Projekte, die Sie schon mal mit Kinderrechten irgendwie...

Ernst: Ist mir hier auch nicht bekannt, da bin ich vielleicht zu knapp hier. Wobei ich die Kollegin, die damals noch Gesellschaft unterrichtet hat, noch kennen gelernt habe, bevor sie in Ruhestand gegangen ist. Und wir haben an Einzelprojekten gearbeitet, aber ob die Kinderrechte damals so im Mittelpunkt standen, nein. Würde ich verneinen, ist mir nie zugetragen wurden.

Krause: Okay, m-hm. Und war das eine gemeinschaftliche Entscheidung im Lehrerkollegium?

Ernst: Ja.

Krause: Ja. Gab, muss, gab es da viel Überzeugungsarbeit oder war das relativ schnell klar, dass das...

Ernst: Ne, eigentlich nicht, weil wir ja insgesamt noch im Umbruchprozess sind. Schulen finden und suchen ihre speziellen Wege. Wir sind musisch, ästhetisch orientiert. Die Kinder sollen im Mittelpunkt stehen und da passen Kinderrechte ja absolut rein.

Krause: Ja, m-hm. Waren die Kinder in die Entscheidung mit einbezogen?

Ernst: Nein.

Krause: Ne, okay.

Ernst: Würde ich jetzt verneinen.

Krause: M-hm, und die Eltern? Gab es da...

Ernst: Über die Schulleitung und die Mitwirkungsgremien ist darüber informiert worden und dann ist es auch von den Eltern unterstütz worden, ja. […]

Ernst: Also Sie haben ja gesagt, dass Sie den Rahmenlehrplan eingesehen haben und Kinderrechte werden eigentlich von der ersten Klasse an in kleinen Schritten entwickelt. Und in der Beziehung haben alle Kollegen großes Interesse gehabt, dass sie hier Bausteine finden und die haben wir ihnen ja auch aufbereiten können. Die können sie in den Unterricht mit einbringen. […] Ich weiß nicht, ob wir darauf noch zu sprechen kommen, wir haben hier an der Schule den Klassenrat eingeführt. Entsprechend auch von Klasse eins bis sechs mit einer gewissen Entwicklung, die Kleinen also stärker im Morgenkreis und umso älter sie werden, umso mehr Eigenverantwortung übernehmen sie. Das ist auch ein Baustein, in diesem Demokratieprogramm und dokumentiert ja auch Kinderrechte, die wir hier einräumen. […] Wir haben erst eine Richtlinie festgelegt, eine Zielstellung, was wir überhaupt wollen mit diesem Programm, haben Schwerpunkte gefunden für inhaltliche Aufbereitung und dann haben wir nach den Interessen der Kollegen gefragt, die an einzelnen Bausteinen mitarbeiten würden. Und die Kollegin Meyer[203] und ich, weil wir auch geglaubt haben und ich denke es ist auch so, dass wir gerade im Bereich Kinderrechte und politischer Bildung sehr erfolgreich waren und auch sehr interessant mit den Kindern gearbeitet haben. Also das ist ein Thema, was die Kinder sehr, sehr gerne machen. Da haben wir gesagt, zu den Bausteinen würden wir hier gerne mit dazu kommen und wir haben uns auch speziell in diesen Bausteinen mit eingebracht. Nachdem diese Bausteine entwickelt waren, ich würde sagen über ein gutes Jahr bestimmt, haben wir uns dann wieder regelmäßig gemeinsam getroffen und dann wurden die Dinge noch mal besprochen, abgeklärt, Vorschläge aufgenommen, andere Dinge verworfen, wie das eben bei so einem Projekt ist. Ja, bis dann irgendwann die fertige Version 2010 auf dem Tisch gelegen hat. […]

Krause: Können Sie diesen Prozess in den Arbeitsgruppen noch ein bisschen mehr beschreiben? Haben Sie die Ideen aus Ihrem, nur aus Ihrem, also nicht nur, aber aus dem Vorwissen, das Sie aus dem Unterricht haben, durch die lange Jahre Praxis gewonnen oder haben Sie dann teilweise auch die Methoden, die Sie sich vorgestellt und überlegt haben dann schon, sage ich mal, an, mit Kindern probiert?

Ernst: Das haben wir so gemacht. Also wir haben vorgestellt, wie wir damit arbeiten. Aber der Schwerpunkt bei uns liegt ja in Klasse fünf mit dem Thema aus

---

203 Name durch den Autor geändert

dem Rahmenplan: Kinderrechte. Und über den Sachunterricht, wie es sich in den vier Jahren zuvor aufgebaut hat und wie man auch in Klasse fünf, sechs mit den Kinderrechten weiter arbeiten kann und sollte, das ist ja nicht ein Thema, was dann, wenn es behandelt es, erledigt ist. Es soll ja irgendwo noch praxiswirksam sein. Und die Ausgangssituation, sofern ich mich recht erinnere war eben, dass wir von unseren Erfahrungen im Unterricht berichtet haben, dass aber die Absicht, mit dem Bausteinen nicht darin bestand, jetzt hier den Rahmenlehrplan zu kopieren oder einen anderen Rahmenplan daneben zu stellen, sondern ein ergänzendes Material zu finden und auch ein Material zu finden, was über den Rahmen jetzt des Rahmenlehrplanes hinausging, wo man Kindern noch Dinge in die Hand geben kann, die der Rahmenlehrplan so nicht fordert. Und da fand ich vor allen Dingen hoch interessant, wie man eben mit so einem Thema schon anfängt und wo man erst mal einem Kind bewusst macht, das ich bin ich und ich habe was zu sagen und ich möchte ja auch was sagen, also Selbstbewusstsein. Und wenn Sie sich das Thema mal angeguckt haben, dann ist das eben so aufgebaut und das haben die Leute vom AJC dann in diese Form gebracht. Wir haben sehr viel mit der eigentlichen Praxis, die wir machen, Frau Meyer geht einen ähnlichen Weg, aber einen eigenen Weg, eingebracht. Ich hab so ein bisschen über die Jahre, hier habe ich es, das ist immer so gerne mein Aufhänger. Habe ich mir ausgeschnitten [*zeigt Zeitungsartikel*], ich nehme immer alles mit. Zehn Jahre sind ja heute nichts und wenn man solche Befragungen mitunter macht, würde sich das Bild so sehr nicht. Kinder kennen viele Kinderrechte, zumindest vom Hörensagen. Und wie sie mit den Kinderrechten eben, na wie soll ich sagen, leben, wie sie sie auch einfordern, ohne jetzt anmaßend zu sein, wenn wir nach vorne, das hat in dem Prozess eine wichtige Rolle gespielt. Mein Weg war immer neben der politischen Seite, wann ist die Kinderrechtskonvention eben geschrieben worden? Was waren Gründe, dass sich die UNO dann mit solchem Thema beschäftigt hat? Dass man dann eben die Kinderrechte vorstellt und das man sie so vorstellt, dass man eben weiß, welche Rolle spielen sie in meinem Leben? Was habe ich davon? Wo sieht das krass gegenteilig aus in der Welt? Aber und die Medien sind ja auch in der Beziehung leider immer wieder eine, auch in Deutschland sind die Kinderrechte nicht umfassend verwirklicht. Also auch hier gibt es Dinge, die mit Kindern passieren, die außerhalb der Kinderrechte stehen. Und solche Dinge werden aufgearbeitet und letztendlich haben wir hier diesen Effekt und da sage ich mal, da sind wir auch eine Oase, weil sich unsere Eltern wahnsinnig um ihre Kinder hier mühen und die Schule in allen Belangen unterstützen, dass eben Kinder, die Kinderrechte wirklich in vielen Fragen absolut erfüllt bekommen, vom Elternhaus und Schule. [...] Oder ebenso Kleinigkeiten, ein Kind hat ein Recht auf Taschengeld. Wie hoch sollte das sein? Ein Kind hat das Recht auf ein Geheimnis. Eigentlich ist den Eltern untersagt, in der Schultasche der Kinder da irgendwas zu suchen. Also es sind manchmal so Kleinigkeiten, die das so interessant machen mit den Kindern, was sie so hinterfragen, ohne jetzt gleich die ganz großen Probleme anzusprechen. Recht auf Bildung, Recht auf Familie, Erziehung, Fürsorge, medizinische Betreuung, das ist alles so selbstverständlich, man muss es aber immer wieder mal wachrufen, dass es so selbstverständlich nicht ist in der Welt. Das wir hier eben in Deutschland trotzdem ein besonderes Land sind, was eben die Mittel hat, dass soweit zu realisieren.

Krause: M-hm. Sie hatten gesagt, dass die Kinder durchaus ihre Rechte kennen. Glauben Sie, dass das eher so ein unterbewusster Prozess ist, wie Sie es auch beschrieben haben, Sie wissen, dass Kinder heutzutage auch selbstbewusster erzogen werden und auch von Eltern in so eine Rolle gebracht werden, oder ist Ihnen tatsächlich bewusst, dass es richtig für Kinder ein eigenen Menschenrechtsvertrag gibt, ohne dass die jetzt die Artikel jetzt alle auswendig können oder…

Ernst: Das ist die Ausnahme. Solche Schüler gibt es, aber das ist die Ausnahme.

Krause: M-hm.

Ernst: Ja, also zu wissen, dass es so was gibt, das es eindeutig formuliert ist, nicht irgendwo zwischen den Zeilen steht, sondern diese Konvention, in diesen 41 Punkten dort, die Kinderrechte umfassen das wissen die wenigsten. Aber eben dass Kinder Rechte haben und Kinder auch die Möglichkeit haben, Rechte einzufordern, das sind Dinge, die hier vor ein paar Jahren interessant waren. Wir haben in unserem Bereich politische Bildung eingebaut, eine Berlin-Exkursion mit Besuch Bundestag. Und da fahren wir immer zum Kindertag im Dezember. Wir schreiben rechtzeitig an, dass wir dann einen Termin kriegen, das ist eine Hausführung, Plenarsaal und da können die Kinder Fragen stellen und vor wenigen Jahren, zwei Jahre vielleicht her, stand doch die Frage Kinderrechte ins Grundgesetz? Da habe ich mal hingeschrieben, ob derjenige, der führt und der dann Fragen beantwortet, speziell dazu mal Ausführungen machen kann zu den Kindern, wie man dazu steht in den Fraktionen. Dem geht man vor Ort aus dem Weg. Also war ich immer, von der Warte aus, war ich enttäuscht. Alles was mit Politik zu tun hat oder Kinderprobleme greifen sie ungern wohl auf. Obwohl die Kinder dann immer einen vollen Beutel mitnehmen mit Materialien über Kinderrechte, von Plakaten über Politibongo[204], wenn Sie das kennen und anderes mehr, wo sie sich dann eben dann noch belesen können. Das ist wieder die Schülerseite.

Krause: M-hm, okay. Jetzt hatten Sie ja dieses Programm entwickelt mit den anderen Kollegen zusammen und sind, jetzt ist es fertig, wie arbeiten Sie jetzt damit in der Schule? Wie binden Sie das in den Unterricht ein? Wie läuft das jetzt hier so zu sagen im schulischen Alltag ab?

Ernst: Gut, also Grundlage ist der Rahmenplan, an den sind wir gebunden. Viele Dinge berühren nun aber einander. Die hier sind wie gesagt eine Form von ergänzendem Material. Mit dem Material haben wir noch andere Dinge beleuchtet. Das ist das Gute, dass wir da auch mit gearbeitet haben, dass wir das wissen. Ich sag mal mehr oder weniger auch schon unbewusst aus der Erfahrung heraus mit den Schülern, was kommt an bei den Kindern? Wie kann man es machen? Es ist ein Thema, was Kinder hoch interessiert und was sie fesseln kann. Eine Bearbeitungsmethode der letzten Jahre war, dass wir in Gruppenarbeit Kinder zu einem Kinderrecht, das sie sich selber ausgesucht haben, recherchiert haben. Das war in diesem Jahr nicht möglich, weil mit dem Umbau hier Computer nicht zur Verfügung standen, zu diesem Zeitpunkt, Internetanschluss war noch nicht. Wir haben aufgefordert mit Hilfe auch der Eltern, die Eltern mit ins Boot holen. Zeitungsartikel - steht jeden Tag irgendwas drinnen zu Kinderrechten und dass dann die Kinder referieren vor der Klasse zu diesem einen Recht, wie ich es vorhin gesagt habe. Wie sieht es eben aus in meinem Leben mit diesem Kinderrecht ganz konkret? Wie sieht es aus in den schlimmsten Orten der Welt mit diesem Kinderrecht? Und wenn es mir gut geht, geht es ja allen Kindern in Deutschland eben von der Warte so gut, wie es mir auch geht? Und in diesem Schuljahr da sind die Raumbedingungen eben hier ganz anders, ob mit Gruppenarbeit mal jemanden dort hinsetzen geht nicht, da bin ich durch das Bild des Jahres, es gibt doch so ein Foto, ein Junge, der auf einer Müllkippe steht und ein altes Fernsehgerät über sich. War auch in der GEO drinnen. Bilder erzählen von Kinderrechten. War toll. Die hatten so die Aufgabe im Umfang von maximal fünf Minuten, sechsundzwanzig Schüler müssen auch mal irgendwie durchkommen, auf der Grundlage eines Bildes, egal was, darüber sprechen, was man an Kinderrechten herauslesen kann. Ja, also der Martin[205] hat das Bild, wo er mit seinem Bruder und mit seinem Vater tobt. Also diese ganze familiäre Bedeu-

204 "Politibongo" ist eine Serie, um Kindern demokratische Prozesse näher zu bringen. Sie wird gemeinsam vom RBB, Kinderkanal und MDR in Zusammenarbeit mit dem Deutschen Bundestag produziert.

205 Name durch den Autor geändert.

tung. Einer hatte dieses Bild, ist ja, nicht, Kinderarbeit als groben Aufhänger, aber auch wie schwierig und wie dreckig und warum und das war dann auch gleich noch in Ökonomie ein Vortrag. Ja. Und das Kinder, was Kinder heute so interessiert und wollen, das ist schon und ich glaube da haben wir so ein Thema, was sie auch sehr gerne mal sehen und auch die Leistungen sind topp.

Krause: M-hm. Mehrmals haben Sie jetzt schon gesagt, dass die Kinder da sehr offen und mit einem großen Interesse ran gehen. Warum glauben Sie ist das bei dem Thema anders, als bei anderen Unterrichtsthemen?

Ernst: Es geht sie speziell an. Es interessiert sie. Ja, auch wenn sie jetzt die Erfahrung machen, ja das ist ja alles in meinem Leben da. Kinder haben eine Emotionalität gegenüber Kindern, wenn es um Kinderprobleme geht. Wenn Kinder ein Problem von alten Leuten oder so, das ist weit weg, aber Kinder und Kinderprobleme, das ist nah. Ich war am Freitag mit meiner Klasse hier zur Berlinale[206], „Nono“[207]. Wir haben heute darüber gesprochen. Ein Kind genau in ihrem Alter, vierte Klasse sind meine, zehn Jahre alt, so alt war der Toto etwa auch, geboren mit einer Hasenscharte und in den Slums von Manila und die ganzen Probleme. Also eine Kinderwelt, wie wir die im Film geguckt haben, wie sie heute drüber gesprochen haben, Erwachsenenprobleme wegen mir mit Rentner, wie schlecht, das ist ihre Welt und das greifen sie auf und das sind, da fragen sie und das finde ich toll. So, das geht uns ja genauso, ja. Was geht uns erst mal mehr oder wenig die Dinge, die einen selber tangieren und dann guckt man weiter. Haben die Kinder nicht Unrecht.

Krause: Fällt es schwer die Kinder für dieses Thema zu öffnen?

Ernst: Ne, gar nicht. Gar nicht.

Krause: M-hm.

Ernst: Wir haben hier mit der UNICEF[208] zusammen so ein Charity-Run, so ein Lauf, wo dann Geld gesammelt wurde. Für jede Runde haben die Eltern Geld gegeben, kennen Sie sicherlich nicht. Und die Hälfte geht zu UNICEF und die andere Hälfte bleibt hier. Beim letzten Mal haben wir, momentan geht es nicht, weil das Gelände hier nicht in Ordnung ist, dann Filme gekriegt über ein Kind in

---

206 Internationale Filmfestspiele Berlin

207 „Nono“ ist ein philippinischer Film von Rommel Tolentino über den achtjährigen Jungen Toto, der um gesellschaftliche Akzeptanz und Integration kämpft.

208 Kinderhilfswerk der Vereinten Nationen

Sierra Leone. Mohammed als Kindersoldat im Bürgerkrieg gewesen und lernt jetzt mit Eltern unter Bedingungen, das war bei dem Toto ähnlich, da würden wir sagen, also so kann man doch nicht lernen. Für die Kinder heißt das, es ist kein Lernen. Es ist eine Erfüllung der Kinderrechte. Es steht ja nicht da, ja auch in dem Film Nono, wie die Lehrer, was die da für einen Unterricht gemacht haben, da waren die Kinder so was von entsetzt, kann man dabei was lernen? Kinderrechte sind erst mal realisiert, ja. Da spielen Qualitätsfragen, Mittel, materielle Unterstützung und was anderes eine Rolle und das hinterfragen die. Das machen Kinder toll. Weil es ihr, ihre Sphäre irgendwo ist, mit der sie sich auseinandersetzen. [...] Wir haben ja hier in dem Rahmen, insgesamt gab es drei Kinderkonferenzen, wir haben an zweien teilgenommen. Die erste war zum Thema Kinderrechte und die zweite war, auch Kinderrechte ja, aber Probleme in der Welt. Davor und solche Sachen haben damals eine Rolle gespielt, wie es den Kindern eben auch dort geht. So und wir wollten eine eigene Kinderkonferenz machen. Wir haben sie auch gemacht, im „Treffpunkt Freizeit"[209] und Thema, die Kollegin hatte das vorbestellt, Ich und Du – Schule sind wir alle. Und ähnlich wie diese Bausteine und das hier eben auch zum Inhalt haben, haben dann die Kollegen angeboten, Arbeitsstationen, wir sind Gott sei Dank ein paar mehr Kollegen und vom LISUM waren auch noch ein paar Leute und von FLIP[210] dabei, die uns unterstützt haben, so dass wir relativ kleine Arbeitsgruppen waren. Dann fing das eben an mit Klasse eins, mitgenommen, ja sagen alle, die gehören zu uns und egal wie, ja wer bin ich? Und ich hatte mit meiner vierten Klasse Schule, täglicher Mittelpunkt, was gefällt mir, was gefällt mir nicht? Und das baute sich dann, ich müsste jetzt überlegen, was die fünften, sechsten gemacht haben. Die Auswertung geht eben dahin und ist noch nicht abgeschlossen: Was wir an der Schule verändern können? Was gefällt Kindern? Was gefällt Kindern nicht? Wo sehen wir uns selber hier in der Frage? Wir werden wieder eine Kinderkonferenz machen, soll ein Höhepunkt bleiben, nicht jedes Jahr, vielleicht alle zwei Jahre, aber das war toll. Einerseits die Kinder klar, sind ganz andere Unterrichtssachen, kennen wir von unserer Schulzeit auch, mal raus, nicht hinter der Bank, andererseits aber sich einzumischen und das machen sie gerne. Und sollen sie auch, das ist eine Sache, die wir eigentlich nicht nur wünschen, sondern auch fordern. Kinder nicht sich alles sagen lassen, sondern sich selber auch mit einbringen. Mit Vorschlägen, wie Sie es gesagt haben, das sind immer unsere Themen. Ne wir haben vorher überlegt, wer bietet was an, haben das mit den Kindern besprochen und es waren eigentlich die Kinderthemen, die wir dann als

209 Offene Einrichtung der KUBUS gGmbH in der Stadt Potsdam

210 „Fachlehrkräfte in die Praxis" ist ein Projekt des Netzwerk Zukunft. Schule und Wirtschaft für Brandenburg e. V.

Lehrer mit den Kindern und nicht mal mit den Kindern, das habe ich auch hier am LISUM gelernt, Lernbegleiter, die Kinder haben ein Thema, man setzt sich hin und lässt die Kinder machen und nur wenn die Kinder Fragen haben, wenn sie Unterstützung brauchen, widmet man sich den Kindern, hilft ihnen ansonsten, top. Toll. [...]

Krause: M-hm. Wenn wir noch mal ganz kurz zurückkommen, Artikel 42 sagt, den Kindern ist es nahe zu bringen. Würden Sie sagen, jetzt unabhängig von Ihrer Schule, wenn Sie sich so mit Kollegen austauschen oder eben auch so halt Ihren Blick auf unser Land werfen, glauben Sie, dass das verwirklicht wird?

Ernst: Ja. Wenn man damit immer mehr konfrontiert wird, vielleicht auch Probleme da hat, dann beschäftigt man sich auch damit. Und Kinder haben heute ein anderes Selbstbewusstsein, ein anderes Auftreten, auch hier an unserer Schule, als Ihre Generation höchst wahrscheinlich war und meine erst recht. Ja, also die, wir waren sozusagen, erst kamen die Erwachsenen, dann kam lange nichts, dann kamen wir. Kinder verstehen sich heute als Partner. Und wenn man solche Dinge mit ihnen machen, dann sind sie gleichberechtigt. Ja, das reflektiert sich eben auch in vielen Dingen, die politisch gewollt sind, kennen Sie dann auch von Ihrer Schule noch, mit den Gremien, die es an Schulen gibt. Parität zwischen Lehrern und Schülern und Eltern bei der Schulkonferenz und anders mehr.

Krause: M-hm.

Ernst: Ja und das nehmen die an und ich weiß das von einigen von mir, dass wenn es nachher ab Klasse sieben Schulkonferenzen gibt, dass sie sich da voll mit reinhängen und engagieren. Und wenn wir das soweit kriegen, dann haben wir das sehr gut gemacht.

Krause: Glauben Sie, dass die Bundesrepublik oder dass das Land Brandenburg noch mehr tun kann, um Kindern ihre Rechte näher zu bringen und das Wissen darum, dass es diesen Menschenrechtsvertrag gibt zu mehren?

Ernst: Man kann immer mehr tun. Wo wollen Sie Grenzen ansetzen? Klar vielleicht können die Erwachsenen es eines Tages nicht mehr hören, immer nur die Kinder, Kinder, Kinder, aber wir haben wohl Erwachsenenrecht. Nein, ich denke, man sollte gerade für die Zukunft, Kinder werden ja mal die Politik später machen, entsprechend Möglichkeiten geben, dass sie sich frühzeitig profilieren, dass sie sich einmischen. [...] Ich hatte ja gesagt, ich war mit Kindern dort bei der Kultusministerkonferenz. Viele Dinge werden ja nicht mal angehört oder angesehen. Das sind eben Projekte, die werden gemacht des Projekts wegen und dann verschwinden sie. Hier ist was aufgegriffen worden, was unterstützt wird und man kann nur hoffen, es kann ja nur das Ministerium sein. Rahmenpläne sind wie Gesetz für uns. Da kann ich mich nicht gegen wehren, die muss ich umsetzen. Das ist so seit, das ist eben, dass solche Dinger immer stärker Einfluss finden und dass man ja, sage ich jetzt zu Ihnen, eben auch was soziale Kompetenz betrifft solche Dinge immer mehr in den Mittelpunkt rückt. Zu DDR-Zeiten wirft man uns ja ein bisschen vor, manchmal zu viel Erziehung gemacht zu haben, zu jungen sozialistischen Persönlichkeiten, aber nach der Wende gab es ja da gar nichts mehr und heute fängt man langsam wieder an, dass man in Schule eben auch, da gehört Erziehung dazu. Am Wochenende habe ich einen Artikel gelesen in der GEO, da ging es um moderne Lernstrategien, was gehört alles dazu? Und die Persönlichkeitsentwicklung ist ein ganz wichtiger Teil und wird erkannt und nicht nur Stoff, Stoff, Stoff. Die Persönlichkeit wird da nicht nachvollzogen. Und das ist so ein Beitrag hier, Persönlichkeitsentwicklung.

Auszüge aus dem Interview mit Burkhard Jungkamp, Staatssekretär im Ministerium für Bildung, Jugend und Sport des Landes Brandenburg

[...]

Krause: Zunächst würde ich ganz kurz fragen, ich habe mich informiert, wie Kinderrechte in den Lehrplänen der deutschen Bundesländer verankert sind. In Brandenburg ist es in einem gemeinsamen Rahmenlehrplan mit Berlin und Mecklenburg-Vorpommern, hier für die Grundschulen geschehen.

Jungkamp: Richtig, ja.

Krause: Können Sie vielleicht kurz darüber erzählen, welche Debatten dem voraus gegangen sind? Also aus welchen Gründen haben Sie Kinderrechte im Rahmenlehrplan verankert? Warum in der Grundschule? Warum so, wie es dort geschehen ist?

Jungkamp: Ja. Also wir waren der Auffassung, dass schon in der Grundschule Kinder vorbereitet werden müssen auf die Grundwerte des demokratischen Zusammenlebens. Die Unantastbarkeit der Würde des Menschen spielt da eine Rolle, Toleranzerziehung, die Freiheit, Gleichheit, Solidarität als Grundwerte unserer Verfassung. Das Recht auf Leben, das Recht auf Bildung, die Achtung des Wohls des Kindes, der Schutz von Kindern vor Gewaltanwendung und Verwahrlosung. Das alles sollen verpflichtende Unterrichtsgegenstände sein, da wir glauben, dass wir hier junge Menschen, aber auch deren Eltern frühzeitig für diese Themenfelder sensibilisieren müssen. Dass es hier, hier und da natürlich in der Gesellschaft Probleme gegeben hat, gerade in den Jahren nach 2004, 2005 sind die aufgeschlagen, hat dazu, uns dazu bewogen, das Themenfeld Kinderrechte stärker als bislang in einzelnen Lehrplänen einzubauen. Ich meine vor allen in den Grundschullehrplan erst 2004, 2005 in Kraft gesetzt worden. Wir haben zwei Jahre vorher dran gearbeitet. Ich meine aber auch die Lehrpläne des Sekundarstufe I, gerade in politischer Bildung und in Geschichte.

Krause: Können Sie was dazu sagen, in welchem Umfang und mit welchen Methoden dieses Thema den Kindern näher gebracht wird?

Jungkamp: Ja zum Umfang, wir haben im Grundschullehrplan in den Jahrgangsstufen fünf und sechs drei Themenfelder. Und einer von drei Themenfelder ist das Themenfeld, eines ist das Themenfeld Kinderrechte. Also man könnte jetzt theoretisch hochrechnen und sagen, das ist ein Drittel der verbindlich vorgegebenen Themen und damit auch ein Drittel der Unterrichtszeit in diesem Fach. Aber die Rechnung ist natürlich etwas einfach, der Lehrplan lässt ja auch noch Freiheit und Zeit für die Behandlung anderer Themen. Aber da sieht man doch, wenn es eines von drei Themen ist, dass es zugleich ein Schwerpunktthema ist. Und das ist auch gut so. Was die Methodik angeht, wenn ich über Rechte, wenn ich über Demokratie, wenn ich Demokratieerziehung vorantreiben will, dann ist glaube ich er Unterricht im Sinne von Frontalunterricht im Sinne eines abstrakten methodischen Zugangs zu dem Thema letztlich er falsche Weg. Genau genommen findet Lernen, erfolgreiches Lernen, das sagen Ihnen auch die Lernpsychologen, im konkreten statt. Und das heißt für die Demokratieerziehung, dass es letztlich nur gelingen wird, erfolgreich die Demokratie zu erziehen, wenn man Kindern die Möglichkeit gibt, die theoretischen Ansprüche auch praktisch zu verwirklichen. Das heißt wir setzen ganz stark auf Partizipation, darum geht es im Unterricht, ihnen Möglichkeiten, die eigene Schule, das eigenen Umfeld mit zu gestalten, aufzuzeigen und sie zu motivieren, diese Möglichkeiten auch zu nutzen.

Krause: Sie hatten gesagt, dass es ein verbindlicher Unterrichtsgegenstand ist. Das heißt, dass jeder Grundschüler in Brandenburg mit Kinderrechten im Laufe seiner Grundschulkarriere konfrontiert wird?

Jungkamp: Ja.

Krause: Es gibt keinen, also man kann es jetzt für einen Einzelfall wahrscheinlich nicht so exakt sagen, aber das ist nicht so, dass ein Lehrer die Auswahlmöglichkeit hat und es sein kann, dass er an dem Thema vorbei kommt?

Jungkamp: Nein, das Themenfeld Kinderrechte ist verbindlich, ist obligatorisch für alle Kolleginnen und Kollegen in den Schulen, in den Grundschulen, in Klasse fünf und sechs und ich gehe auch davon aus, dass im Unterricht der politischen Bildung in fünf und sechs dieses Thema angesprochen wird. Wir haben auch keine anderen Informationen, im Gegenteil, wir haben doch Hinweise, dass gerade die Lehrerinnen und Lehrer dieses Themenfeld als besonders richtig erachten. Also die Reaktionen, die wir kennen, vom Landesinstitut für Schule[211] bestätigt, ist eine sehr positive Reaktion.

Krause: M-hm. Die Kinderrechtskonventionen ist ja erst Ende der achtziger Jahre, Anfang der neunziger Jahre verabschiedet worden.

Jungkamp: Ja.

Krause: Und viele Lehrkräfte waren dort durch ihr Lehramtsstudium ja schon durch und konnten das in der Ausbildung gar nicht kennen lernen. Jetzt sind sie aber verpflichtet, es auch umfassend im Unterricht den Kindern näher zu bringen. Was hat Brandenburg denn getan, damit die Lehrerinnen und Lehrer darauf vorbereitet werden, dass das auch gelingt?

Jungkamp: Also wir haben natürlich wie immer, wenn wir Lehrpläne in Kraft setzen, die Lehrpläne implementiert. Das sind Implementierungsveranstaltungen, in denen wir Kolleginnen und Kollegen aus allen Schulen, sei es Grundschule, Sekundarstufe I, auch erreicht haben. Das sind Implementierungsveranstaltungen gewesen, in denen dieses Themenfeld natürlich in einer besonderen Position war und auf dieses Themenfeld besonders hingewiesen worden ist. Und wir haben schon für die Implementierungsveranstaltung Unterrichtsmaterialien entwickelt und den Kolleginnen und Kollegen der Grundschulen, der Sek I Schulen[212] zur Verfügung gestellt. Darüber hinaus hat es weitere regionale, überregionale Fachtagungen und Fortbildungen gegeben und auch hier sind Materialien ausgereicht worden, bereitgestellt worden, diese Fortbildungen haben dann mehr den Charakter, den methodisch-didaktischen Teil anzugehen. Also sie haben sich dann mit der inhaltlichen Planung des Unterrichts, mit der Umsetzung dieser inhaltlichen Planung beschäftigt und hier Handreichungen für Lehrerinnen und Lehrer zur Verfügung gestellt.

Krause: Können Sie jetzt aus der Erfahrung schon sagen, ob es eine besondere Motivation auf Seiten der Lehrkräfte gibt, dieses Unterrichtsfach zu unterrichten? Das ist ja schon was anders, als Mathematik, wo zwei plus zwei vier ist und man nicht wirklich diskutiert oder so. Und das ist ja ein sehr offenes Thema, wo man, ja sehr viel diskutiert, wo man vielleicht auch etwas von sich selbst preis geben muss, wenn man darüber diskutiert, von seinen eigenen Einstellungen und

211 Landesinstitut für Schule und Medien Berlin-Brandenburg

212 Sekundarstufe-I-Schulen führen zum Abschluss der Berufsbildungsreife. In Brandenburg heißen diese Schulen Oberschulen.

Vorstellungen und Werten. Gibt, haben Sie da eine Rückmeldung, wie Lehrkräfte damit umgehen oder wie sie den Unterricht selber auch empfinden?

Jungkamp: Also im guten Mathematikunterricht wird auch diskutiert. Also die erste Bemerkung, wenn ich da korrigiere, dann bitte ich jetzt um Entschuldigung, wie überhaupt im guten Unterricht, auch die Schülerinnen und Schüler zu verschiedenen Themen ihre Meinung sagen sollen. Natürlich ist zwei plus zwei vier, da ist wahr und unwahr klar zu trennen. Das spannende am Thema Kinderrechte, an Thema Demokratieerziehung ist in der Tat, dass es hier immer im Kern um die Frage geht, wie kann ich mich selber in dieser Gesellschaft einbringen? Das ist ein motivationaler Aspekt. Welche Bereitschaft habe ich mich einzubringen? Und welche Möglichkeiten habe ich in der Tat dazu? Ich glaube schon, dass das später sich, dass derjenige für Menschenrechte auf die Straße geht, um positiv zu demonstrieren, der selber erfahren hat, am eigenen Leib, das er Würde, das ihm eine Würde zuerkannt wird, der selber erfahren hat, dass man ihm entsprechende Rechte zugesteht. Ich glaube hier geht es um den Kernbestand der Gesellschaft in diesem Fach und das macht dieses Fach auch so spannend und zum großen und ganzen, hier geht es auch um konkrete Projekte im Alltag. Die Bildung eines Klassenrates in der Schule, die Bildung eines Jugendparlamentes in irgendeiner Region mit den Schwierigkeiten, aber auch mit den Chancen dann auf die kommunalen Entscheider, auf verschiedene Parteien zuzugehen. Ich glaube das macht die Sache natürlich unheimlich spannend, weil die Praxisrelevanz einfach so groß ist. Das ist in der Mathematik manchmal etwas anders, das sehe ich dann auch so.

Krause: Als das Thema neu eingeführt wurde, vor wenigen Jahren in den Rahmenlehrplan, gab es da Diskussionen über die Sinnhaftigkeit? Über Notwendigkeit? Auch generell möglicherweise auch über den Kinderrechtsvertrag? Oder wurde das hingenommen?

Jungkamp: Es gab eine formale Diskussion zu dem Thema. Die formale Diskussion ist auch heute hier gar nicht wirklich abgeschlossen, wenn Sie mal die Meinung, die Statements auch von Politikern sich angucken. Die formale Diskussion ist die gewesen zu sagen, wir haben die Menschenrechte in der Verfassung. Wir haben im Artikel 1 der Verfassung abgeleitet aus den Erfahrungen des Nationalsozialismus aufgenommen, dass die Würde des Menschen unantastbar ist und sind die Kinder Menschen, so ungefähr haben dann gerade Juristen argumentiert und haben gesagt, damit sind die Kinderrechte indirekt oder auch fast schon unmittelbar ja mit in unserer Verfassung verankert und dann kommt die, der Hinweis auf so etwas wie Rechtskontinuität, das heißt man sollte Verfassung, unsere hat sich nun wirklich bewährt, nur dann verändern, wenn es unbedingt einen Bedarf gibt. Aber der Bedarf besteht darin, dass wir diesen Begriff der Kinderrechte auf die Kindersituation runter brechen und konkretisieren müssen. Ich hatte das vorhin mal gesagt, da geht es um das Recht eines Kindes gewaltfrei erzogen zu werden. Um das Recht eines Kindes so erzogen zu werden, dass das Verwahrlosungsproblem nicht auftritt. Da gibt es ja Fälle in der Gesellschaft und sage ich auch mal aus dem Bereich Schule, ich finde auch so ein Recht auf Förderung eines Kindes, im Rahmen der Möglichkeiten, die dieses Kind hat, gehört eigentlich verfassungsrechtlich verankert. Weil in der Verfassung die wesentlichen Grundsätze des Lebens in der Gesellschaft formuliert sein müssen und das gehört, zählt für mich unbedingt dafür, dazu.

Krause: Kann man feststellen, ob durch die Beschäftigung mit der Thematik, auch das pädagogische Personal an Schule sensibler geworden ist für bestimmte, ja Situationen, Vorfälle an Schulen, das heutzutage anders reagiert wird? Da sie vielleicht auch mehr nachfragen, was zu Hause los ist bei den Kindern, wenn Leistungen abfallen? Oder wenn Auffälligkeiten da sind?

Jungkamp: Ich glaube es gibt eine Sensibilisierung für das Thema insgesamt und dass unsere Lehrplanentwicklung diese Sensibilisierung noch mal, noch mal verstärkt hat, das glaube ich in der Tat auch. Einfach auch deshalb, weil ja nicht nur der Schüler lernt im schulischen Unterricht, sondern der Lehrer, die Lehrerin ja genauso lernen und in der Diskussion um dieses Thema glaube ich, ja erweitern beide ihren Blick und sehen natürlich auch die konkreten Möglichkeiten, aber auch Schwierigkeiten, sowohl in der Familie der Schüler, also in der eigenen Familie, wie auch in der Schule. Ich sag ganz offen, was wir noch nicht besprochen haben an dieser Stelle, das gilt übrigens nicht nur für den Unterricht in politischer Bildung, nicht für den Unterricht in Geschichte, da ist das natürlich ein elementarer Bestandteil, gerade angesichts der Nazi-Zeit, angesichts der DDR- Diktatur, das gilt für den Unterricht in allen Fächern. Das gilt für Schule schlechthin, also Schule muss schon so ein Erfahrungsraum von Demokratie werden, sonst funktioniert Demokratieerziehung in der Schule nicht und das betrifft auch den Mathematikunterricht, über den wir gerade sprachen. Demokratieerziehung ist nicht Aufgabe von einigen wenigen Fächern, da kann sich auch der Naturwissenschaftler nicht raus stehlen, aus dieser Frage. Im Großen in der Gesellschaft sind Fragen der Ökologie, sind Fragen der Gentechnik, den Fragen des Atomausstiegs, der Setzung von irgendwelchen Grenzwerten, über die dann hinaus Gefahren bestehen, immer politischer Entscheidungen auf der Basis eines ethischen Verständnisses von dessen, was man da tut. Also von daher glaube ich schon, dass alle Fächer in der Schule betroffen sind und das auch in jedem Fach, sowohl in der Art der Durchführung des Unterrichts, wie auch in der Diskussion über die fachlichen Inhalte. Die immer wieder die Frage auch der Demokratiefähigkeit ja der jeweiligen Inhalte und Entscheidungen stellt.

Krause: Schule als Erfahrungsraum der Demokratie, das wäre bestimmt ein ganz, ganz spannendes, eigenes Thema. Auch noch mal aus Schülersicht betrachtet, wie viel Einflussmöglichkeiten da tatsächlich sind.

Jungkamp: Ja.

Krause: Können Sie was dazu sagen, ob es Fortbildungs- und Weiterbildungsangebote für Lehrkräfte gab, um sich speziell mit dem Thema neben der Lehrplanimplementierung und den Unterrichtsmaterialien, die Sie vorbereitet haben, ob es da zusätzliche Qualifizierungsmaßnahmen gab?

Jungkamp: Gab es. Ich kenne die Zahlen nicht, die hat es gegeben, es hat regionale und überregionale Fortbildungen gegeben, die sich sehr, sehr stark mit der inhaltlichen Planung und Umsetzung des Unterrichts beschäftigten, in der entsprechende Materialien zur Verfügung standen, aber auch gemeinsam mit den Kolleginnen und Kollegen Materialien entwickelt worden sind. Nach meinem Wissen waren auch Kolleginnen und Kollegen aus Mecklenburg-Vorpommern und Berlin dabei. […]

Krause: Okay. Brandenburg hat ja an zwei Modellprojekten teilgenommen. An einem hat Brandenburg, wenn ich das richtig recherchiert habe, sogar die Materialien mitentwickelt. Das ist bei „Hands for Kids“ so gewesen, wo brandenburgische Lehrkräfte gemeinsam mit Berlin dann und mit Vertretern einer jüdischen Einrichtung…

Jungkamp: Ja.

Krause: Ich weiß jetzt nicht, wie die heißen, die es gemeinsam entwickelt haben. Wie kam es denn dazu? Warum hat Brandenburg sich daran beteiligt?

Jungkamp: Weil wir bitte gesehen haben, wie wichtig Demokratieerziehung ist. Natürlich auch, weil wir gesehen haben, dass immer noch, auch in der Mitte der Gesellschaft, es Stimmen gibt, die sich nicht hinreichend deutlich von Fremdfeindlichkeit und Rechtsextremismus absetzen. Deswegen glauben wir, dass hier die frühzeitige Erziehung zur Demokratie eine große Rolle spielt und das Projekt selbst, „Hands for Kids“, ist wie auch das BLK-Modellprojekt deshalb spannend, weil es den Ansatz der Demokratieerziehung, Demokratie Leben und Lernen, hieß es ja auch, Demokratie Leben, verbindet mit pädagogischen Ansätzen zur individuellen Förderung von Schülerinnen und Schülern und mit ganz konkreten Projekten verbindet, wie Demokratie in der Schule gestaltet werden kann. Also die, da einmal die Aufforderung zur individuellen Förderung verbunden mit konkreten projektbezogenen Ansätzen, das macht eigentlich beide Projekte in der Summe sehr, sehr spannend und dann „Hands for Kids" das kann man sagen von den Kolleginnen und Kollegen, die es machen, in den Schulen machen, begeistert aufgenommen war.

Krause: Können Sie was dazu sagen, wie viele Schulen an diesen Projekten teilgenommen haben? Und wie viele Kinder dann damit auch ungefähr erreicht worden sind?

Jungkamp: Also in jeweils zwölf Schulen gewesen, sowohl am BLK-Projekt, als auch an „Hands for Kids". Es waren nicht dieselben Schulen. Zwölf brandenburgische Schulen bei „Hands Across the Campus"[213] und vier Grundschulen bei „Hands for Kids", das ist das Grundschulprogramm, das sind dann sechzehn Schulen, die teilgenommen haben. Bei „Demokratie Leben und Lernen" waren es zwölf Schulen. Ja, so ist es.

Krause: Und waren es dann für die ganze Schule implementiert oder nur für einzelnen Klassen?

Jungkamp: Ja. Die ganze Schule sollte teilnehmen, die Schule sollte zum Ort von Demokratie werden. Die Implementierung ist ja, erfolgt ja über einzelne Kolleginnen und Kollegen in den Schulen und die Evaluation hat, glaube ich auch, einzelne Klassen und Projekte in den Blick genommen, nicht die ganze Schule. Ist ja im Auftrag, der Federführung Berlins dann evaluiert worden und dieser Bericht, ich kann mich noch gut erinnern, ist dann ja der KMK[214] vorgelegt worden und es war ja Brandenburg, die das zum Anlass genommen haben dann einen Antrag zu stellen, zur Verstärkung der Demokratieerziehung in den Schulen Deutschlands. So wir haben beim KMK Antrag gestellt, der auch durchgegangen ist und eine entsprechende Auftaktveranstaltung hier in Brandenburg in der Staatskanzlei dazu durchgeführt. […]

213 „Hands Across the Campus" ist ein Programm des AJC zur Förderung sozialer, moralischer und demokratischer Kompetenzen in weiterführenden Schulen.

214 Kultusministerkonferenz

Krause: M-hm. Über welchen, also wie lange lief, liefen diese Projekte und was ist nach Abschluss jetzt passiert? Also gibt es Ideen, Sie haben jetzt gesagt, es gab einen Antrag, Demokratieerziehung grundsätzlich stärker zu verankern. Aber sind die positiven Erfahrungen, werden die jetzt in alle Schulen übertragen?

Jungkamp: Ja.

Krause: Oder ist es ein Projekt, dass jetzt einfach zu Ende ist?

Jungkamp: Ja. Das BLK-Projekt, „Hands Across the Campus", "Hands for Kids", das läuft noch. Das ist auch gar nicht beendet, da sind wir durchaus interessiert daran, wenn weitere Schulen mitmachen. Wir sind dort sehr offen und hielten es auch für sehr, sehr sinnvoll. Das BLK-Modell, Projekt ist 2007 beendet worden und da gibt es ja auch keine BLK-Programme mehr. Es gibt ja nach der Föderalismusreform auch keine, keine BLK. Das ist ein Projekt gewesen, in dem durch das LISUM in Brandenburg 116 Beraterinnen und Berater für Demokratiepädagogik ausgebildet worden sind. Das Deutschlandweit, nicht. Wichtig war von vornherein die, die Transformationen, den Transfer von Innovation und Erkenntnisse in, deutschlandweit in die Schulen zu garantieren. Wir haben in Brandenburg dreizehn Berater dabei gehabt, dreizehn Berater ausgebildet, von denen im Augenblick immerhin sieben nach wie vor als Fachberater Demokratieerziehung als Multiplikatoren tätig sind. Das heißt, dass sie im Prinzip Ansprechpartner sind auch und gerade für Schulen, die sich auf den Weg machen wollen, hier stärker zu arbeiten. Das war eine Qualifizierung, die drei Jahre gedauert hat, 190 Stunden pro Teilnehmer und die Inhalte sind dann im Prinzip Werte- und Moralerziehung gewesen, nicht. Module, wo sehr viel Selbstwirksamkeitsförderung sind hier groß geschrieben worden. Konfliktbearbeitung, Streitschlichtung, aber auch Schulentwicklung und Projektmanagement, waren die wesentlichen Themen. Aber Ziel all dieser Schulversuche ist es ja, Modelle zu erproben, um dann, wenn die Modelle tragen oder sich positiv weiter entwickeln, dass man sie dann wirklich in die Schulen bekommt und die Schulen motiviert, ähnliche Wege auch zu gehen. Deshalb auch bei „Schule ohne Rassismus"[215] im Augenblick sehr stark, wir haben eine hohe Zahl im Land mit 51 Schulen, die dabei sind. Das ist, ja fünfundzwanzig Prozent der weiterführenden Schulen, also wir sind uns glaube ich einig, eigentlich muss jede „Schule ohne Rassismus - Schule mit Courage" sein, weil einfach Rassismus in den Schulen

215 „Schule ohne Rassismus – Schule mit Courage" ist ein Projekt der Aktion Courage für Schülerinnen und Schüler, die sich gegen Diskriminierung und Rassismus engagieren.

keinen Platz haben kann. Wir eigentlich erwarten, dass auch jede Schule sich dazu bekennt.

Krause: Ja. Über welchen Mechanismus haben Sie denn versucht, diese positiven Erfahrungen an die anderen Schulen jetzt heranzutragen, aus dem BLK-Programm?

Jungkamp: Die Evaluationsergebnisse dieser Projekte werden dann in größeren Fachtagungen, ich glaube eine hat es im Land gegeben, aber in der KMK anderen vorgetragen, anderen vorgestellt. Das sind dann Vertreter aus der Schulaufsicht und Schulleiterinnen und Schulleiter. Das ist der Weg, den man normalerweise geht. In der Hoffnung, aus diesem Wege weitere Interessenbekundungen zu motivieren. [...]

Krause: M-hm. Wir haben jetzt ja die Kinderrechte in der Grundschule verpflichtend verankert seit einigen Jahren, wir haben Modellprojekte, wie diese BLK- und Hands-Projekte. Vermutlich gibt es auch an einzelnen Schulen Projekttage oder Wochen gar, die sich mit dieser Thematik beschäftigen. Können Sie feststellen, dass sich Schulkultur, Schulleben, vielleicht auch Schule insgesamt das Verhältnis von Schülern und Lehrern in dieser Zeit verändert hat, weil über Kinderrechte, ja, diskutiert wird?

Jungkamp: Ich glaube ja. Ich glaube schon, dass sich hier ein bisschen was getan hat. Einfach, weil das Problembewusstsein geschärft worden ist. Das Kinderrechte nicht selbstverständlich gewährleistet werden. Es hat ja Verstöße gegen Kinderrechte gegeben, auch hier im Land. Es sind ja entsprechende Kinderschutzproblematiken immer mal wieder aufgeschlagen. Ich glaube, dass es eine solche Entwicklung gegeben hat. Dass das eine Entwicklung ist, die flächendeckend zu mehr Demokratie in der Schule führt, das weiß ich nicht, das vermag ich nicht zu sagen. Ich beobachte eigentlich, dass wir hier im Land, wenn ich auf die Schulen eingehe, ein sehr fortschrittliches Mitwirkungsgesetz haben. Schülerinnen und Schüler werden hier im Land mehr Mitspracherechte eingeräumt, als in den meisten Bundesländern Deutschlands. Die Frage ist, ob sie diese Rechte, das ist für mich der erste Schritt, hinreichend nutzen. Und wenn das nicht der Fall ist, was ich zum Beispiel auf Kreisebene sehe, dann ist die Frage, warum das nicht so ist. Sind das falsche Rahmenbedingungen? Oder fehlende Informationen? Die dazu führen, dass wir die Möglichkeiten, das die Möglichkeiten, die wir Schülern geben, noch nicht hinreichend nutzen. Ich denke zum Beispiel an die Kreisschülerräte, die nicht wirklich besetzt sind, in allen Kreisen und ich glaube da müssen wir ran. Darüber hinaus denke ich schon, dass wir über weitere Mitspracherechte in der Kinderschule diskutieren sollten. Es gibt glaube ich eine Schule, die hat ein Kinderparlament eingerichtet, eine Grundschule hier in Babelsberg, da haben glaube ich an der Kinderkonferenz dreihundert Schülerinnen und Schüler teilgenommen. Das finde ich hoch spannend. Ich könnte mir auch vorstellen, den Jugendparlamenten im Land vielleicht eine stärkere, bessere Legitimation, eine Mandatierung zu geben und das dann zu verbinden auch mit den Mitwirkungsgremien in der Schule. Aber das sind schwierige Konstrukte, über die wir einfach nachdenken müssen. Ich glaube wir sind gut beraten, immer mehr junge Menschen zu motivieren, die Demokratie zu gestalten. [...]

Krause: M-hm. Der Artikel 42 sagt ja, dass die Bundesrepublik Deutschland und auch die Bundesländer die Verantwortung haben, die Inhalte der Kinderrechtskonvention bekannt zu machen. Glauben Sie, dass es in Brandenburg gelingt?

Jungkamp: Das ist ja Auftrag der Schule, das ist auch in den Lehrplänen enthalten. Ich bin grundsätzlich der Überzeugung, ich bin mir auch ziemlich sicher, dass sich die Kolleginnen und Kollegen an so etwas halten, auch wenn es im Einzelfall vielleicht nicht so explizit passiert, das mag schon sein, aber im Großen und Ganzen wird das thematisiert und die Bekanntmachung erfolgt. Das glaube ich schon.

Krause: Und wenn wir aus Schule heraus gehen und was glauben Sie, wenn wir jetzt so zu sagen in Brandenburg Menschen fragen, ob sie wissen, dass es eine Kinderrechtskonvention gibt, dass es einen eigenen Menschenrechtsvertrag gibt, wie schätzen Sie die Situation ein, ist das bekannt?

Jungkamp: Da bin ich, also das es eine Kinderrechtskonvention gibt, werden, wird einigen Leuten in der Tat und wird auch nicht wenigen bekannt sein. Das vermute ich schon. Der große, der Mehrheit der Bevölkerung vielleicht nicht, das kann ich, das vermag ich nicht zu sagen, ich glaube eher, dass es nicht so ist. Die meisten Menschen werden eher davon ausgehen, dass die Kinderrechte mit gemeint sind, wenn wir von Menschenrechten in unserer Verfassung sprechen, aber das es in unserer Verfassung heißt, die Würde des Menschen ist unantastbar, ob man das Recht auf Meinungsfreiheit und so weiter gewährleistet wird, dass das alles natürlich auch für Kinder gilt. Das, davon gehe ich zumindest aus, dass es so ist.

Krause: Wenn, Sie haben ja sehr gut im Blick, was sie in Brandenburg in diesem Bereich leisten. Glauben Sie, dass der Bund seine Verantwortung auch ausreichend wahrnimmt? Oder haben Sie da das Gefühl, dass man sich vielleicht zu sehr auf die Bundesländer verlässt? Wie schätzen Sie das ein?

Jungkamp: Also ich meine, so lange das ein schulisches Thema ist, in der Schule angegangen werden soll, haben wir ja die Föderalismusreform, da wird die Bundesregierung sagen, was einige Länder auch sagen, dass überlasst mal uns. Aber ich denke, Familien- und Jugendpolitik ist eine nationale Aufgabe, das sage ich sehr ehrlich an dieser Stelle und appelliere da auch an die Bundesregierung, hier noch mehr Geld in die Hand zu nehmen, um Projekte gerade in diesem Bereich zu fördern. Denken Sie mal an die eigentlich sehr guten Projekte, die wir beim Kampf gegen Fremdenfeindlichkeit entwickelt haben, mit der Bundesregierung, finanziert durch die Bundesregierung, die wichtig waren, die auch deshalb gekommen sind, weil es Anlässe gab. Das will ich alles zugeben und ich könnte mir vorstellen, wir sollten initiieren positive Projekte zur Gewinnung, zur Überzeugung von jungen Menschen für Demokratie, um ihnen deutlich zu machen, wie wichtig und wie sinnvoll auch eine multikulturelle Gesellschaft ist. Welche Vorteile das haben kann? Ich glaube das ist auf der einen Seite ganz wichtig. Auf der anderen Seite bräuchten wir Projekte, um Partizipation vor Ort zu ermöglichen. Ich sag ganz offen auch mit zu finanzieren. Nach meinem Verständnis von Föderalismus gibt es hier keine Föderalismusschranken, das kann die Bundesregierung in der Tat mit tragen. Ich glaube das wäre ganz wichtig, wenn Bund, Länder hier gemeinsam engagieren könnten, in einer Zeit, in der die Menschen das Gefühl haben, dass sich Politik immer weiter von ihnen entfernt. [...]

www.ingramcontent.com/pod-product-compliance
Ingram Content Group UK Ltd.
Pitfield, Milton Keynes, MK11 3LW, UK
UKHW021902290926
8980IPUK00015B/1011

9 783631 643662